Blauer Engel aus Berlin
Marlene Dietrich

DAS NEUE
Film-
PROGRAMM
MARLENE DIETRICH
EMIL JANNINGS
Der blaue Engel
SUPER
film

Ulrike Wiebrecht

Blauer Engel aus Berlin

Marlene Dietrich

be.bra verlag
berlin.brandenburg

Bild Seite 2:

Der Blaue Engel, Programmheft zum Filmerfolg unter der Regie von
Josef von Sternberg (1930). Ursprünglich als Jannings-Film geplant,
spielte Marlene ihren Kollegen buchstäblich in den Hintergrund.

*The Blue Angel—Programme for the 1930 box office hit directed
by Josef von Sternberg. Marlene stole the limelight from Emil Jannings.*

Die Deutsche Bibliothek – CIP-Einheitsaufnahme
Blauer Engel aus Berlin : Marlene Dietrich / Ulrike Wiebrecht. –
Berlin : be.bra-Verl., 2001
ISBN 3-89809-032-9

© be.bra verlag GmbH
Berlin-Brandenburg 2001
KulturBrauerei Haus S
Schönhauser Allee 37, 10435 Berlin
www.bebraverlag.de
e-mail: info@bebraverlag.de
Lektorat: Christian Härtel, Berlin
Übersetzung: Penny Croucher, London
Gestaltung: Iris Farnschläder, Hamburg
Schrift: Cochin 10,5/14 pt
Lithografie: bildpunkt, Berlin
Druck und Bindung: Friedrich Pustet, Regensburg
ISBN 3-89809-032-9

Inhalt

Marlene Dietrich –
»Vaterlandsverräterin« oder »Imagefaktor«?

Im Mai 1992 wurde Marlene Dietrich in Berlin beerdigt. So schlicht und unscheinbar ihr Grab auf dem kleinen Friedhof in der Stubenrauchstraße in Friedenau ist – es blieb nicht ohne Wirkung. Zwar ist es keine Pilgerstätte geworden wie die Gräber anderer Kultfiguren, aber es hat den Anstoß zu einer neuen Auseinandersetzung mit Deutschlands einzigem Weltstar gegeben. Mit dem Wunsch dort die letzte Ruhe zu finden, hat sich die Dietrich unmissverständlich zu Berlin und Deutschland bekannt. Nun war es an den Berlinern und den Deutschen, ihre Beziehung zu Marlene neu zu überdenken. An der Amerikanerin, die 1930 von Berlin nach Hollywood ging, um von dort aus die Welt zu erobern, schieden und scheiden sich zum Teil heute noch die Geister. Während einige in ihr die Vaterlandsverräterin sehen, gilt sie anderen als mutige Antifaschistin, die sich für ihre Überzeugung mit aller Konsequenz eingesetzt hat. Wie schwierig das Verhältnis zu Marlene Dietrich lange Zeit war, spiegeln die Diskussionen wieder, die zwischen dem Tod der Diva und ihrem 100. Geburtstag geführt wurden. Einerseits haben sich die Bezirkspolitiker von Berlin-Schöneberg in unsäglicher Weise darüber gestritten, ob und mit welcher Straße die berühmte Tochter ihrer Stadt geehrt werden soll – bis endlich mitten im neuen Berlin ein Platz auf ihren Namen getauft wurde. Andererseits hat das Land Berlin den Nachlass der Dietrich erworben, in einem eigenen Archiv aufgearbeitet und die interessantesten Stücke im Filmmuseum Berlin in der Potsdamer Straße der Öffentlichkeit zugänglich gemacht. Mehrere Bars und Restaurants erinnern an die Weltbürgerin aus Schöneberg und erfreuen sich ebenso großer Beliebtheit wie das Theaterstück »Marlene«, das seit Jahren vor vollbesetztem

Marlene Dietrich – Traitor or "Image factor"?
In May 1992 Marlene Dietrich was buried in Berlin. Her choice of final resting-place was proof that she wanted to come home, but for many years popular German opinion was strongly divided; was she a fortune-seeker and traitor who deserted her country or a brave anti-fascist? Berlin has rediscovered Marlene as an "image factor". A square in the new city centre has been named after her, a Marlene Dietrich archive has been founded,

Haus im Renaissance-Theater aufgeführt wird. All das und die Tatsache, dass der unscheinbare Friedhof von Friedenau, der schon fast geschlossen wurde, nun von der Öffentlichkeit wieder beachtet wird, deuten darauf hin, dass in Berlin ein Stimmungswandel stattgefunden hat: Hass, Ressentiments und pauschale Ablehnung sind ganz allmählich Anerkennung, Bewunderung und Stolz gewichen. Das offizielle Berlin hat sogar den »Imagefaktor Marlene« entdeckt, mit dem im In- und Ausland für die Stadt geworben wird.

Doch warum klaffen die Meinungen über die Jahrhundertfigur Marlene Dietrich eigentlich so weit auseinander? Warum hat man sie in ihrer Heimat beschimpft, während sie in der ganzen Welt verehrt wurde? Und welche Beziehung hatte sie selber zu Berlin und Deutschland? All diesen Fragen möchte das vorliegende Buch nachgehen. Es beschreibt den Weg von der Schöneberger Offizierstochter zum »Girl vom Kurfürstendamm«, das sich auf den Bühnen der Metropole zum *Blauen Engel* hinaufgearbeitet hat. Es folgt ihr nach Hollywood, zum Geburtsort des Mythos Marlene. Aber auch die politische Frau, die im Zweiten Weltkrieg an der Seite der Vereinigten Staaten gegen Hitlerdeutschland kämpfte, wird betrachtet werden. Außerdem soll das Buch zeigen, dass die Dietrich zwar den größten Teil ihres Lebens – sozusagen als große Abwesende – außerhalb der Heimat verbrachte, aber dennoch auf Berlin und Deutschland bezogen blieb. Die deutsche Sprache, der Berliner Humor, die Schnoddrigkeit prägten sie ebenso wie die preußische Disziplin, mit der sie bis zuletzt die eigene Legende bewahrt hat. Als Sängerin, selbst als Köchin wurde sie zur Botschafterin der deutschen Kultur. Außerdem hat sie der Weltöffentlichkeit als »erotischste Deutsche« ein sehr viel sympathischeres Bild vermittelt, als es diese vom »typischen Deutschen« je hatte.

Natürlich war sie für ihre Zeitgenossen nicht immer leicht zu verstehen. Sie, die ein Leben lang große Opfer für ihre Karriere und ihre Überzeugungen brachte, hat diese auch anderen abverlangt. Und sie löste Irritationen aus, weil sie immer wieder Tabus gebrochen hat. Sie trat als Frau in Männerklei-

there are several bars and restaurants with a Marlene Dietrich theme and the play "Marlene" at the Renaissancetheater has been playing to full houses for several years. But on her 100th birthday she remains a controversial and complex figure – an accomplished international actress and singer who turned her back on Germany for most of her life yet became its greatest ambassador. In her professional and private life she set new trends and broke all taboos. The legend of the Blue Angel lives on.

dung auf, hat sich selber ihre Liebhaber (und Liebhaberinnen) ausgesucht und in jeder Beziehung ein ungewöhnliches Leben geführt. Dabei hat sie Trends gesetzt und Moden lanciert. Ihre Posen wurden eingetragene Markenzeichen, ihr Aussehen bestimmte das »Corporate Image« ihrer eigenen Firma. Viele andere haben sich daran versucht, aber in Deutschland ist etwas gleichwertiges keiner gelungen. Der Blaue Engel aus Berlin ist einzigartig und sein Mythos im 100. Geburtsjahr lebendiger denn je.

Marlene im Alter von 17 Jahren.
Marlene at the age of 17.

Erziehung zur Preußin

*»Ich kam aus gutem Hause. Ich wurde gut erzogen,
mit guten Manieren, und dadurch habe ich einen großen
Vorteil gehabt.«*

Eine Kindheit in Schöneberg

Das gute Haus, aus dem Marlene Dietrich kam, steht in der Leber-straße 65, früher Sedanstraße 53, und ist so unscheinbar, dass es nur an einer kleinen Gedenktafel zu erkennen ist. Mitten auf der »Ro-ten Insel«, einem von Eisenbahngleisen umschlossenen Stadtviertel in Berlin-Schöneberg, wurde die »Blonde Venus« am 27. Dezember 1901 geboren. Die Eltern gaben ihrer Tochter den bezeichnenden Namen Marie Magdalene – eine Mischung aus heiliger Jungfrau und Hure –, nannten sie aber Leni oder Lena. Erst später experimentierte das Schulmädchen mit seinem Doppel-namen und zog ihn schließlich zu »Marlene« zusammen.

Die Mutter, Wilhelmine Elisabeth Josephine Felsing, stammte aus einer wohlhabenden Juweliersfamilie, die in Berlin mehrere Uhren- und Schmuck-geschäfte unterhielt, darunter eine Filiale Unter den Linden, die sich kaiser-licher Hoflieferant nennen durfte. So hatte sie das entsprechende Vermögen für eine Ehe mitgebracht, die ihren sozialen Aufstieg bedeutete. Denn Marle-nes Vater, Louis Erich Otto Dietrich, war ein eleganter, stattlicher Offizier, der als Polizeileutnant im vierten Schöneberger Revier arbeitete. Zwar war das kein besonders hoher Posten, dennoch genoss er als preußischer Beamter ei-niges Ansehen. Mit seiner strammen Haltung und dem Kaiser-Wilhelm-Bart war er ein typischer Vertreter der wilhelminischen Ära.

A Prussian Upbringing
Childhood in Schöneberg

Marlene Dietrich was born on 27 December 1901. The house at 65 Leber-strasse can still be found in an inconspicuous part of Schöneberg and is marked with a small plaque. Her parents gave her the name Marie Magda-lene – a mixture of Holy Virgin and whore – but called her Leni or Lena. It was as a schoolgirl that she decided on "Marlene". Her mother,

Es war die Zeit, in der Deutschlands letzter Kaiser Wilhelm II. regierte. Den früheren Reichskanzler Bismarck hatte er entlassen, nun griff er selber sporadisch in die Politik ein, um die ihm gemäße Leitkultur zu definieren: Die war ganz dem Militarismus, preußischer Prachtentfaltung und konservativen Werten verpflichtet. Sie fand ihren Ausdruck in Gebäuden wie der neuromanischen Kaiser-Wilhelm-Gedächtniskirche, dem Berliner Dom und zahlreichen Denkmälern für Wilhelm I., die zu dieser Zeit entstanden. Außerdem in den monumentalen Wandgemälden Ferdinand Kellers und Anton von Werners, die die Monarchie mit allegorischen Darstellungen verherrlichten. Die Werke einer Käthe Kollwitz, eines Heinrich Zille oder eines Max Liebermann dagegen, die Themen aus der Arbeitswelt aufgriffen, lehnte der Kaiser als »Rinnsteinkunst« ab.

In der boomenden Industriemetropole Berlin mit rund zwei Millionen Einwohnern brodelte es. Mit den gesellschaftlichen Veränderungen brachen sich immer neue kulturelle Strömungen Bahn, bald würde der Expressionismus Naturalismus und Impressionismus ablösen. Im selben Jahr, in dem Marlene geboren wurde, fand die dritte Kunstausstellung der Berliner Secession unter Max Liebermanns Präsidentschaft statt. Gleichzeitig arbeiteten Helene Lange und Gertrud Bäumer an einem fünfbändigen »Handbuch der Frauenbewegung« und Kurt Tucholsky spottete in seiner »Bibel des wilhelminischen Zeitalters« über die kaiserliche Großmannssucht.

Aber davon bekam die junge Familie in Schöneberg nicht viel mit. Schöneberg gehörte noch nicht zu Berlin, sondern war ein bürgerliches Städtchen mit rund 90 000 Einwohnern vor den Toren der wachsenden Metropole. Das Leben spielte sich zwischen zwei Kirchen, sieben Schulen, vier Polizeirevieren, fünf kaiserlichen Post- und Telegrafenämtern, unzähligen Grünanlagen und Gartenlokalen ab. Dort wuchsen Marlene und ihre Schwester Elisabeth von Gouvernanten behütet auf. Elisabeth war bereits ein Jahr vor ihrer jüngeren Schwester zur Welt gekommen. Während der Kindheit war sie ihre Spielgefährtin und Vertraute. Als ältere und vernünftigere fiel der fleißigen Liesel

Wilhelmine Elisabeth Josephine Felsing, came from a wealthy family who owned several clock and jewellery shops in Berlin, including a branch in Unter den Linden who were purveyors to the Imperial Court. This ensured a good marriage to Louis Erich Otto Dietrich, Marlene's father, an elegant and imposing Police Lieutenant who enjoyed a certain status as Prussian official in Wilhelmine Germany, the time of Germany's last Kaiser, Wilhelm II, with its militarism, Prussian pomp and conservative

aber auch die Aufgabe zu, auf die kleine Lena aufzu-
passen. Noch bevor die beiden in die Schule gingen,
wurden sie von Privatlehren unterrichtet. Sie lernten
Englisch und Französisch, Klavierspielen und alles andere, was zur Erziehung höherer Töchter gehörte.
Dass sie nichts von diesem Weg ablenkte, darüber
wachte vor allem die Mutter. Sie hatte sich ganz der
Tugend und preußischen Pflichterfüllung verschrie-
ben. Gefühle zu zeigen verbot ihr ihre Erziehung. Statt
dessen hatte sie die militärische Disziplin noch mehr
verinnerlicht als ihr Offiziersgemahl und versuchte,
diese Werte auch an die Kinder weiterzugeben. »Sie
glich einem guten General«, schreibt die Dietrich später in ihren Memoiren »Ich bin, Gott sei Dank, Berlinerin«. »Zuerst und vor allem die Pflicht, die täglichen
Zwänge. Und die Liebe zur Pflicht, der man sich
unterwirft.«

In der Leberstraße 65,
früher Sedanstraße 53,
in Berlin-Schöneberg
wurde Marlene Dietrich
am 27. Dezember 1901
geboren.
*Marlene Dietrich was born
on 27th December 1901 at
Leberstraße 65, formerly
Sedanstraße 53, in Berlin
Schöneberg.*

Diese Maxime war für das kleine Mädchen nicht
immer nachvollziehbar. Es litt unter den strengen
Regeln, versuchte wiederholt, sich der Kontrolle des
guten Generals zu entziehen. Aber gleichzeitig machte
es sich dessen Prinzipien zu eigen und sollte sie ein Leben lang beibehalten. Als echte Preußin wird sie sich
auf Kants kategorischen Imperativ berufen, Freiheit
als die »Erfüllung selbstauferlegter Pflichten« definie-
ren und ihrer Mutter dankbar für die harte Schule sein, durch die sie bei ihr
gegangen ist. Im Übrigen war ihr Josephine wohl auch ein überzeugendes
Vorbild: »Ich besaß für meine Mutter, solange sie lebte, einen tiefen Respekt.
Sie besaß eine Art natürlichen Adel. Ihr Benehmen, ihre Autorität, ihre
Geisteshaltung waren die einer Aristokratin.«

values. However, the booming industrial metropolis of Berlin was seething
with social change and new cultural trends were emerging, such as
Expressionism and Impressionism. Schöneberg was not yet part of Berlin
but a small middle-class town with about 90,000 inhabitants, two
churches, seven schools, four Police districts, five Imperial Post Offices
and countless open areas and garden cafés. Marlene grew up here with her
sister Elisabeth, who was one year older, under the care of governesses

Der Vater spielte dagegen nur eine Nebenrolle. Da er früh starb, behielt Marlene nur ein verschwommenes Bild zurück: »Hohe, imposante Statur, Ledergeruch, glänzende Stiefel, Reitpeitsche, Pferde« – darauf reduzierte sich die Erinnerung an die abwesende Vaterfigur. Als notorischer Schürzenjäger hatte Otto Dietrich der Mutter allem Anschein nach manchen Kummer bereitet und auch zeitweise getrennt von der Familie gelebt, bevor er 1907 mit nicht einmal 40 Jahren starb. Auch wenn Marlene ihn später idealisierte und sich auf Grund seines Status zeitlebens als Offizierstochter fühlte, kann sein direkter Einfluss auf die Erziehung nicht allzu groß gewesen sein.

Prägend war allerdings die Schule, die Marlene von 1907 an besuchte. Sie empfand sie zunächst als grausamen Zwang, geradezu als Gefangenschaft: »Das Schultor war schwer. Ich musste mich mit aller Kraft dagegenstemmen, um es zu öffnen«, erinnerte sie sich an die ersten Jahre an der Auguste-Viktoria-Schule in der Nürnberger Straße 63, von der heute nur noch der hintere Teil übrig geblieben ist. »Ein Lederstreifen dämpfte den lauten Aufprall von Eisen auf Eisen, und ich war wieder gefangen wie an jedem Morgen.« Doch diese Empfindungen teilte sie höchstens ihrem Tagebuch mit. Ansonsten war sie eine unauffällige Schülerin, die – wie noch erhaltene Schulhefte bezeugen – gewissenhaft ihre Hausaufgaben machte und gute Noten bekam. »Sie sah gepflegt aus, das Haar immer sehr ordentlich«, erinnert sich Liselotte Laabs, die zur gleichen Zeit die Auguste-Viktoria-Schule besuchte. »Und sie war in ihrer Art sehr zurückhaltend. Genau das Gegenteil von später. Es gab nie irgendeine Klage.« Aufgefallen sei sie den Gleichaltrigen nur durch ihr schönes Geigenspiel: »In der Auguste-Viktoria-Schule wurde viel Musik betrieben«, erklärt Laabs. »Da hatten wir ein Schulorchester und machten häufig Aufführungen. Bei einer dieser Aufführungen spielte ich einen Walzer von Chopin auf dem Klavier, und Marlene spielte auf der Geige ein Stück von Brahms: Es war wundervoll.« Das Schulmädchen selber scheint indessen von Mitschülerinnen und Lehrern kaum Notiz genommen zu haben. Nur für die Französischlehrerin Mademoiselle Breguand hegte sie eine besondere Sym-

and private tutors. Their education mainly consisted of English, French and piano lessons and was overseen by their mother. Dietrich was to write later in her memoirs: "She was like a good General. Duty first and foremost." This maxim was not always easy for the young Marlene to follow but she learnt principles that she adhered to throughout her life and was later grateful to her mother. Marlene's father died in 1907 at the age of 40 and she only had blurred recollections of this often absent figure.

Marlene (rechts) mit ihren Eltern und ihrer Schwester Elisabeth im Jahre 1906.
Marlene (right) with her parents and her sister Elisabeth in 1906.

pathie. »Sie vertrieb meine Einsamkeit, meine kindlichen Sorgen, meine Trau-
rigkeit. Sie verkörperte meine Wünsche und gleichzeitig deren Erfüllung. Ich
verbrachte meine ganze freie Zeit damit, mir Geschenke für sie auszudenken:
blau-weiß-rote Bänder, die meine Mutter beim französischen Ball in ihrem

"Tall, imposing, smell of leather, gleaming boots, riding whip, horses."
She had much stronger memories of her first years at the Auguste-Viktoria
School in Nürnberger Straße which she initially viewed as a prison
behind heavy doors until she developed a passion for her French teacher,
Mlle Breguand who inspired in her a life-long love of France. Other pupils
remembered Marlene as a tidy, well-behaved pupil who gained good
grades and played the violin beautifully.

Haar getragen hatte … Dank Mlle Breguand war die Schule kein Gefängnis mehr, sondern eine Art große Stadt, in der ich meine heimliche Liebe zu finden wusste.« Die Lehrerin spornte sie nicht nur an, mehr für Französisch zu arbeiten, das längst ihr Lieblingsfach war. Sie weckte in ihr auch eine lebenslange Liebe zu dem Land, das sie repräsentierte: zu Frankreich.

Jungmädchenträume und der Erste Weltkrieg

Doch die Schwärmerei für Marguerite Breguand ging abrupt zu Ende, als der Erste Weltkrieg begann. Plötzlich war die Lehrerin verschwunden – offensichtlich musste sie als Vertreterin des feindlichen Frankreich das Land verlassen. Viel mehr nahm Marlene in den ersten beiden Kriegsjahren allerdings nicht wahr von den Ereignissen, die die Welt in Atem hielten. Was sie im Innersten bewegte, war zum Beispiel ihre elegante Tante Vally. Sie bewunderte deren Aussehen und mondäne Umgangsformen, die im diametralen Gegensatz zum zurückhaltenden Auftreten ihrer Mutter standen. Zur gleichen Zeit ging Marlene ins Kino oder vergnügte sich auf der Eisbahn, die im Winter gesellschaftlicher Treffpunkt war und wo sich Jugendliche beiderlei Geschlechts in zwangloser Atmosphäre begegnen konnten. Auch beim Tanzunterricht streckte sie vorsichtig ihre Fühler nach jungen Männern aus. Das Benehmen war inzwischen auch nicht mehr ganz so vorbildlich, wie es Elternhaus und Schule wünschten. »Ich hab' nun schon einen Tadel und fünf Rügen, ich hoffe stark, noch *gut* zu bringen in Betragen …«, vertraut sie 1914 ihrem Tagebuch den veränderten Lebenswandel an.

Langsam rückte schließlich die Realität des Krieges in den Vordergrund. In der Schule wurden Pulswärmer für die Soldaten gestrickt, in ihrer Freizeit spielten die Mädchen »Schwester« und versorgten die »Verwundeten«. Zu essen gab es Steckrüben und Kartoffeln, an Stelle von Kaffee wurde ein Ersatz aus Bucheckern getrunken. Die Damen, die vorher die Mutter besuchten,

Girlish dreams and the First World War
When the First World War broke out Marguerite Breguand had to return to France and Marlene transferred her affections to her elegant Aunt Vally, who was the complete opposite in appearance and behaviour to her mother. She started to enjoy an active social life at the cinema, ice-rink and dancing classes, but found that the reality of the war began to intrude on her fun. Her stepfather, Eduard von Losch, an Officer from Dessau,

16

um sich bei delikaten Sahnetörtchen über die Neuigkeiten in Berlin auszutauschen, waren nun nicht mehr zum Plaudern und Scherzen aufgelegt. Sie trugen schwarz und beweinten ihre Ehemänner, die reihenweise an den Fronten fielen. Immer wieder neue Tote galt es zu beklagen und das Lieblingsgedicht ihrer Mutter von Ferdinand Freiligrath, mit dem Marlene Lesen gelernt hatte, füllte sich mit tiefer Bedeutung:

O lieb, solang du lieben kannst!
O lieb, solang du lieben magst!
Die Stunde kommt, die Stunde kommt,
Wo du an Gräbern stehst und klagst!

1916 starb auch Marlenes Stiefvater Eduard von Losch. Ihre Mutter hatte den Offizier aus Dessau geheiratet, nachdem sie ihm einige Zeit – vielleicht aus ihrer materiellen Not als Witwe heraus – den Haushalt geführt hatte. Durch die Ehe war die Familie finanziell abgesichert, aber es mochten für Josephine neben den materiellen Interessen auch Gefühle eine Rolle gespielt haben. Jedenfalls besuchte sie den Verwundeten an der Front, bevor er seinen Verletzungen erlag und kehrte tief betrübt zurück. Marlene indes schien der Tod des Stiefvaters nicht besonders nahe gegangen zu sein. »Nun sind alle tot«, notierte sie lapidar. »Heute wird Vatel beerdigt. Heute früh waren wir nicht in der Schule, sondern auf dem Ehrenfriedhof bei Vatel. Sein Grab wurde gerade gegraben. Hier ist's furchtbar langweilig. Der einzige nette Schüler auf dem Bummel ist Schmidt.«

Ohnehin sollten sich später die Erinnerungen an die beiden Väter vermischen und in einer unbestimmten Bewunderung für die Figur des Offiziers verschmelzen.

Die Familie zog zeitweise nach Dessau, wo es Marlene besonders eintönig vorkam. Immer wieder flüchtete sie sich in Liebeleien, schwärmte für junge Männer, zum Teil auch für Frauen wie die Gräfin Gersdorff, die sie in

whom her mother had married mainly for financial reasons, died of his wounds in 1916. The family subsequently spent some time living in Dessau, which Marlene found monotonous, so she escaped into a world of fantasy, regularly falling in love with young men or even women, such as Countess Gersdoff. The only "affair" which lasted was her devotion to Germany's first film star, Henny Porten. Marlene saw all her films, sent her cards and gifts, waited outside her house and was eventually invited in

Bad Liebenstein kennen lernte: »Gräfin Gersdorff, mein Herz brennt vor Liebe zu Ihnen«, steht am 17. Juli 1917 in ihrem Tagebuch. »Sie denkt, ich hab sie gern, wie Lise sie gern hat, aber diesmal ist es Leidenschaft, tiefe, große Liebe«. Die leidenschaftlichen Gefühle waren allerdings nicht von langer Dauer. Es kamen und gingen immer wieder andere Menschen, an die sie ihr Herz verlor. Nur eine Person verehrte Marlene über mehrere Jahre hinweg: Henny Porten, Deutschlands ersten großen Filmstar. Sie war das blonde Gegenstück zu Asta Nielsen und der Inbegriff einer romantischen Heldin. In Filmen wie *Das Liebesglück einer Blinden* mimte sie voller Pathos moralisch integre, aufopferungsvolle Frauen, die von ihren Männer verlassen werden, ihr Schicksal aber mit Demut und Pflichtgefühl ertragen. Marlene war tief beeindruckt von den Filmen, die sie unter anderem in den Lichtspielen Mozartsaal, im kleinen Saal des Neuen Schauspielhauses am Nollendorfplatz (dem heutigen Metropol), sah. Sie trug Henny Portens Foto in einem Medaillon bei sich, schickte dem Stummfilmstar Postkarten, die sie selber koloriert hatte, ließ sich Autogramme zurückschicken, verfolgte ihn auf der Straße, wachte vor seinem Haus in der Kurfürstenstraße, das nicht weit von der damaligen Wohnung ihrer Mutter in der Tauentzienstraße 13 entfernt war. Einmal schenkte sie ihrem Idol auch rote Nelken, die sie von ihrem Taschengeld gekauft hatte, ein anderes Mal brachte sie ihm ein Geigenständchen – und wurde zu einer Tasse Schokolade hereingebeten.

Während an der Front die Kämpfe tobten und die Lage immer katastrophaler wurde, nutzte der Backfisch, noch ohne es genau zu wissen, die Zeit, um sich auf die spätere Karriere vorzubereiten. Sie schulte ihr Auge nicht nur an Filmen, sie besuchte auch Theater- und Opernaufführungen, sah die deutschen Klassiker, griechische Tragödien und Ballettaufführungen im Schillertheater. Vor allem aber befasste sie sich mit Musik. Neben Klavier und Geige lernte sie auch Laute spielen und absolvierte den Instrumentalunterricht bei verschiedenen Lehrerinnen mit strenger Disziplin. Erst wenn die junge Elevin genügend Händel und Bach geübt hatte, durfte sie zur Entspannung auch mal

for tea. – While the situation at the front was becoming increasingly serious the young Marlene was unwittingly preparing for her later career by going to the cinema, theatre, opera and ballet. She continued with her musical studies and her mother bought her an expensive new violin. But the general atmosphere in Berlin was bleak and there was a shortage of food and other supplies which may have led to Marlene's later habit of bingeing and starving. She learnt that life was not bed of roses and that it

einen Walzer von Chopin spielen oder unbeschwert Lieder zur Gitarre trällern. Die Geige kristallisierte sich dabei immer mehr als Hauptinstrument heraus. Nicht unbedingt, weil sie Marlenes Neigung entsprach, vielmehr schien hier ihre besondere Begabung zu liegen. Jedenfalls gab die Mutter mehr als 2000 Mark für eine neue Violine aus, die offensichtlich den Grundstein zu einer professionellen Beschäftigung legen sollte. »Die Geige ist fein«, beschreibt Marlene am 28. Juni 1917 ihre zwiespältigen Gefühle in ihrem Tagebuch, »sie klingt ganz anders und ist viel kleiner. Ich werde also ausgebildet. Na, das kann ja noch niedlich werden mit dem Üben«.

Marlenes Schwarm Henny Porten als Postkartenmotiv.
Postcard illustration of Marlene's heart-throb Henny Porten.

Unterdessen machten sich Nahrungsmittelknappheit und sonstige Entbehrungen immer stärker bemerkbar, die Stimmung im Land wurde immer düsterer. Das bekam auch Marlene zu spüren. »Das einzig Gute, was ich sagen kann zu dieser Zeit: Es gab keinen Zucker. Wir hatten alle gute Zähne«, resümierte sie später in ihren Memoiren. Vielleicht hatten auch ihre sonderbaren Essgewohnheiten in dieser Zeit ihren Ursprung. Sie besaß die Fähigkeit, von Genuss und geradezu gierigem Verschlingen zu den radikalsten Hungerkuren überzugehen, die sie sich später auch in Hollywood auferlegte. Im übrigen zog sie noch andere Schlüsse aus ihren Erfahrungen der Kriegsjahre: »Das Leben bettet einen nicht auf Rosen, es ist weder Honig- noch Zuckerlecken, aber das Leben ist gut, wenn du darum kämpfst, dass es gut wird.« Genau das sollte sie von nun an tun: mal mit mehr, mal mit weniger Energie

was essential to take control of one's own fate. Marlene was living in a world mainly consisting of women and the fighting men at the front were her heroes. When a relative sent the family a tin of corned beef given to him by an American officer, Marlene began to glorify America as well as France, but this didn't mean she was at all political. The Kaiser's abdication in 1918 and the 1919 wave of revolution in Germany seemed to have escaped her notice; she was much more concerned about her love-life and

19

kämpfte sie um das, was man heute Selbstverwirklichung nennt. Nie jedoch würde sie sich als Opfer widriger Umstände oder unglücklicher Zufälle begreifen. Dass sie selber ihr Schicksal in die Hand nehmen, ihr Leben selber bestimmen, es modellieren muss wie der Bildhauer den rohen Stein – das war die wichtige Lektion, die sie in diesen Jahren lernte.

In den vielen Kriegswitwen und -waisen hatte sie dafür genügend Vorbilder. Von nun an bewegte sich Marlene wie die meisten ihrer Schulkameradinnen in einer Welt ohne Männer. »Wir lebten in einer Frauenwelt; die wenigen Männer, mit denen wir zusammenkamen, waren alt oder krank, keine wirklichen Männer: die echten Männer waren an der Front, sie kämpften; sie kämpften, bis sie fielen, und nach dem Krieg vergingen viele Jahre, bevor es wieder Männer gab.« Einerseits lernte sie also von ihrer Mutter und anderen Frauen, selbst »ihren Mann zu stehen«, andererseits begann hier auch ihre Glorifizierung der kämpfenden Männer, der Soldaten, bezeichnenderweise auch der amerikanischen: Als die Lebensmittelknappheit gegen Ende des Krieges allzu arg wurde, schickte ein Verwandter eine Dose Corned beef nach Berlin, das ihm offensichtlich ein amerikanischer Soldat an der Front geschenkt hatte. »Dieses Corned beef hatte für uns einen himmlischen Geschmack, der sich für immer unserem Gedächtnis eingegraben hat …«, erinnert sich Marlene in ihren Memoiren. »Zu meiner heimlichen Liebe Frankreich kam ein weiterer Held: der amerikanische Soldat. Ich betete für alle amerikanischen Soldaten, die von so weit her gekommen waren, um den Krieg zu beenden.«

Mit einem politischen Urteil hatte das allerdings noch nichts zu tun. Solche Zusammenhänge blieben ihr bislang verborgen, auch einschneidende Ereignisse wie die Novemberrevolution nahm sie nur verschwommen wahr. Mit ihrer Meinung orientierte sich Marlene kritiklos an den Menschen ihrer Umgebung. Wie wenig sie von den gesellschaftlichen Zusammenhängen verstand, beweist ein Tagebucheintrag vom November 1918: »Der Kaiser tut mir so leid und all die andern«, heißt es da. »Heute nacht soll es schlimm hergehen.

kissing as many boys as possible over a weekend. Her mother was aware of the situation and packed Marlene off to boarding school in Weimar to study the violin. As a great admirer of Goethe Marlene did not protest, but the school regime was very strict and she found her own circle of friends amongst artists and free thinkers. Her effervescence attracted several men, including her violin teacher who became her first lover. In 1921 her mother brought her back to Berlin to continue her violin studies at home,

20

Marlene Dietrich (erste Reihe, zweite von rechts) mit ihren Klassenkameradinnen (um 1918).
Marlene Dietrich (second from right, front row) with her class-mates (about 1918).

Der Mob fällt über jeden her, der im Wagen fährt. Wir hatten ein paar Damen zum Tee gebeten, keine ist durchgekommen.«

Auch die Revolutionswelle des Jahres 1919, während der Karl Liebknecht und Rosa Luxemburg ermordet wurden, nahm der Twen nicht zur Kenntnis. Statt dessen galt sein Hauptinteresse Flirts und Liebeleien, die den grauen Alltag der Nachkriegszeit aufhellten: »Sonnabends und Sonntag küsse ich mich immer wieder satt für die Woche«, schreibt sie zum Beispiel im September 1919. »Eigentlich müsste ich mich schämen; alle, die ich frage, ob mein Urteil über mich recht ist, bestätigen es: Zum Amüsieren, Küssen etc. bin ich gut, aber zum Heiraten!! Gott bewahre! Das kommt aber auch durch mein Benehmen … Wo soll denn da auch die Achtung herkommen? Für meine

grenzenlose Sinnlichkeit kann ich ja aber nichts«. Also schon jetzt von Kopf bis Fuß auf Liebe eingestellt? Da schien Gefahr im Verzug zu sein. Offenbar hat es die Mutter so empfunden und schickte Marlene ins Internat nach Weimar.

In der Stadt, in der kurz zuvor die neue Verfassung verabschiedet worden war, sollte sie sich dem Geigenstudium widmen. Die 18-jährige unterwarf sich ohne Widerrede. Sie war sogar begeistert, denn Weimar war die Stadt einer ihrer großen (ideellen) Lieben: »Während der letzten Schuljahre hatte ich begonnen, Goethe regelrecht zu vergöttern, und es ist kein Wunder, dass ich mein ganzes Leben lang sein Denken andächtig in Ehren gehalten habe«, schreibt sie später. Doch im Internat ging es alles andere als schwärmerisch zu. Die Vorsteherin, Fräulein Arnoldi, führte ein strenges Regiment und hielt die besorgte Mutter über alles auf dem Laufenden. Trotzdem konnte sie nicht verhindern, dass Marlene auch hier ihre eigenen Wege ging. Dabei kam sie mit Vertretern des Bauhauses in Kontakt, die sich etwa zur gleichen Zeit in Weimar angesiedelt hatten. Sie machte Bekanntschaft mit Alma Mahler-Gropius, dem Bühnenbildner Lothar Schreyer und den freiheitlichen Ideen jener Gruppe. Und sie lernte auch so manchen Mann kennen, den sie durch ihr exaltiertes Auftreten auf sich aufmerksam machte. »Wenn ich anders wäre und von Vergnügungen nichts wollte, oder tun könnte, was mir gefiele, dann würde vielleicht etwas aus mir …« beginnt sie selber in ihrem Tagebuch an der eingeschlagenen Laufbahn zu zweifeln. Hinzu kam, dass der Geigenunterricht nicht den gewünschten Erfolg versprach. Ihr Privatlehrer, Professor Reitz, interessierte sich mehr für seine Schülerin selbst als für deren Fortschritte im Violinenspiel und wurde ihr erster Liebhaber. Spätestens da war für die Mutter der Zeitpunkt gekommen, den kostspieligen Abenteuern ihrer Tochter ein Ende zu setzen. Kurz entschlossen holte sie sie 1921 nach Berlin zurück. Hier wurde der Geigenunterricht im häuslichen Rahmen fortgesetzt. Noch einmal unternahm Marlene den Versuch, sich zur Solistin auszubilden. Viele Stunden am Tag übte sie Bach-Sonaten, bis sie eine Sehnenscheiden-

but it soon became clear she would never make a professional violinist. Marlene now decided she wanted above all to be an actress and persuaded her mother that she should have drama tuition in addition to singing and dancing. At the age of 20 Marlene was in control of her own destiny at last, but grateful for an upbringing that had taught her many lessons and given her such a sold basis for the future.

entzündung an der linken Hand bekam. Der Gipsverband, der ihr angelegt wurde und sie zwang, das Geigenspiel zu unterbrechen, dämpfte die hohen Erwartungen von Mutter und Tochter. Als der Gips abgenommen wurde, übte Marlene weiter, spielte auch vorübergehend in einem Stummfilmorchester, um sich Geld zu verdienen – und machte dabei erstmals nähere Bekanntschaft mit dem Kino. Den Traum von der großen Violinistenkarriere hatte sie da bereits aufgegeben.

Inzwischen hatte sie sich ein neues Ziel gesetzt: »Ich beschloss, Theaterschauspielerin zu werden, denn das Theater war der einzige Ort, wo man schöne Texte und schöne Verse vortragen konnte wie die von Rilke, die mir das Herz brachen und doch zugleich auch wieder Mut machten«, erklärt sie später. Nachdem sie bereits Gesangs- und Tanzstunden bekommen hatte, setzte sie nun gegen den Willen ihrer Mutter durch, dass sie Schauspielunterricht erhielt.

Von diesem Moment an sollte sie ihr Leben endgültig selber in die Hand nehmen, ihre eigenen Entscheidungen treffen und auch alle damit verbundenen Risiken eingehen. Mit knapp 20 Jahren war sie erwachsen und ihre Jugend ein für alle Mal zu Ende gegangen. Aber sie empfand es nicht als jähen Bruch, vielmehr als eine Entwicklung, der eine Logik innewohnte: »Ich habe eine wunderbare Kindheit gehabt« resümiert sie in ihrer Autobiografie. »Und viel Glück dazu. Trotz meiner Fehler, des Todes meines Vaters, trotz meiner vom Krieg geprägten Kinderjahre war meine frühe Jugend schön; ich lernte, auf manche ›guten Dinge‹ zu verzichten und dennoch zu leben. Ergebnis: am Ende meiner Jugend ›stand ich mit beiden Beinen fest auf der Erde‹«.

DAS MAGAZIN

Nr. 57   **Mai 1929**

Marlene Dietrich als Titel-Girl des »Magazins« im Mai 1929.
Marlene Dietrich as cover girl on "Magazin" in May 1929.

Beginn einer Karriere

»Als Josef von Sternberg mich für den Blauen Engel *auswählte, engagierte er eine Unbekannte.«*

D ie zwanziger Jahre des letzten Jahrhunderts werden immer wieder als eine rauschende Zeit, eine einzige, nicht enden wollende Party verklärt. Doch wenn man genau hinsieht, waren die zwanziger Jahre nicht nur golden. Zumindest die erste Hälfte der Dekade war in Deutschland eine Zeit voller Widersprüche. Hinter dem Mythos der Roaring Twenties standen Putschversuche, politische Instabilität und eine galoppierende Inflation. Es gab innen- und außenpolitische Krisen, die die Weimarer Republik immer wieder aufs Neue erschütterten und die Bevölkerung verunsicherten.

Die wirtschaftlichen, politischen und sozialen Schwierigkeiten machten sich auch und vor allem in Berlin bemerkbar. Ein ganzes Heer von Kriegsinvaliden versuchte hier, in Arbeit und Brot zu kommen. Auch vormals wohlhabende Bürger waren verarmt. Sie mussten ihre Dienstboten entlassen und Räume ihrer herrschaftlichen Wohnungen oder Villen an Untermieter abtreten. Auch viele Frauen aus gutem Hause nahmen jetzt eine Arbeit an. Auf den Straßen wimmelte es von Bettlern, an vielen Orten lungerten Kokain-Schieber herum und warteten Prostituierte auf Kundschaft.

Aber gleichzeitig war die Stadt eins der blühendsten kulturellen Zentren Europas. Nachdem die konservativen Werte der wilhelminischen Ära mehr und mehr über Bord geworfen wurden, konnten sich Architektur und Bildende Kunst, Literatur, Musik und Theater entfalten wie selten zuvor. Und genau das taten sie mit solcher Vehemenz, dass das Berlin der zwanziger Jahre eine wahre Explosion an Kreativität erlebte. Die Atmosphäre in der

Career beginnings
The "Golden Twenties" was a decade full of contradictions. There was political instability and galloping inflation and Berlin, especially, had enormous social problems, yet it was one of the most flourishing cultural centres of Europe. The conservative values of the Wilhemine era had been replaced with a veritable explosion of artistic creativity. The population of Berlin, a melting pot of Rhinelanders, Silesians, Jews, Prussians and

Metropole war trotz oder gerade wegen der schwierigen Bedingungen so schillernd und lebendig, dass der Journalist Walther Kiaulehn in seinem Aufsatz »Die goldenen zwanziger Jahre« die Epoche als ein »Mit- und Durcheinander von Bürgerkrieg und Karneval« definierte.

Während der Architekt Bruno Taut mit den neuen Baustoffen Stahl und Glas experimentierte und in Britz eine vielbeachtete hufeisenförmige Siedlung für den sozialen Wohnungsbau baute, stellten Paul Klee, August Macke, Franz Marc, Ernst Barlach und Käthe Kollwitz ihre Werke im Kronprinzenpalais aus. Gottfried Benn verfasste seine schrillen Gedichte, Robert Musil seinen »Mann ohne Eigenschaften« und Döblin setzte dem ewigen Verlierer Franz Biberkopf in »Berlin Alexanderplatz« ein epochales Denkmal. Gleichzeitig entwickelte sich die Stadt unter dem Einfluss Max Reinhardts zur interessantesten Bühnenlandschaft des Kontinents. »In Berlin war damals jeden Tag Premiere«, schreibt Walther Kiaulehn. »In 100 Tageszeitungen wurden die Aufführungen von 35 Theatern kritisiert, analysiert, gefeiert und verdammt. Was Kerr lobte, verriss Jhering, und Polgar wieder sagte über Jhering, er sprühe Leder.« Es fanden sich auch Zuschauer für all das, was auf den Bühnen ausprobiert und anschließend in der Presse verhackstückt wurde: »Nie wieder hat es ein Theaterpublikum von der Souveränität des Berliner Publikums der zwanziger Jahre gegeben«, ist Kiaulehn überzeugt. »Allerdings war es nicht vom Himmel gefallen. Als sich dieses Publikum nach der Reichsgründung von 1871 in Berlin zu bilden begann, war es ein zusammengewürfelter Haufe von Rheinländern, Schlesiern, Juden, Ostpreußen, Bayern und Kaschuben gewesen, alles Fremdlinge, die durch das Medium des Theaters zu Berlinern umgeschmolzen wurden.« Diese einzigartige Mischung von Literaten, Intellektuellen und Künstlern verschiedener, insbesondere jüdischer Herkunft war vor allem am Kurfürstendamm anzutreffen. Schon in den vorangegangenen Jahrzehnten hatte sich der ehemalige Reitweg zum eleganten Boulevard entwickelt. Nun wurden hier zunehmend luxuriöse Geschäfte eröffnet, zwischen denen sich wiederum so viele Bars, Cafés und Vergnü-

Kashubs, formed an appreciative public and numerous bars, cafés, cinemas and theatres together with expensive shops sprang up along the elegant main boulevard, the Kurfürstendamm. One of the most popular forms of entertainment was the Cabaret, a typical Berlin stage revue of satirical songs, and this produced a new type of artiste – worldly, confident and frivolous with style and wit. Among these cabaret stars was Marlene Dietrich, who soon became known as the "Girl from the Kurfürstendamm."

26

gungslokale ansiedelten, dass der amerikanische Schriftsteller Thomas Wolfe die Straße als das größte Caféhaus Europas bezeichnete. Während die Avantgarde im Romanischen Café vis-à-vis von der Gedächtniskirche verkehrte, gingen andere in die benachbarten Kinos. In das 1913 am Kurfürstendamm eröffnete Marmorhaus zum Beispiel, in den gegenüber liegenden Gloria-Palast oder das Alhambra am Kurfürstendamm 69, in dem 1922 eine »Erstaufführung akustischer Filme« stattfand. Ein Stück weiter nahm 1921 das Theater am Kurfürstendamm seinen Betrieb auf, außerdem bereicherte die Komödie am Kurfürstendamm die Theaterlandschaft. Auf den zahlreichen Bühnen rund um den Boulevard wurden nicht nur unterhaltsame Lustspiele geboten, hier machte auch eine neue Bühnenkunst Furore: das Kabarett. Kurt Tucholsky, Joachim Ringelnatz und Friedrich Hollaender lieferten Texte und Musik für diese berlin-typische Kunstform, bei der auch attraktive Damen zum Einsatz kamen. Sie brachte gleichzeitig einen neuen Typ der Berlinerin hervor, die selbstbewusste, mondäne, leicht frivole Großstädterin mit eigenem Stil und Witz. Eine von ihnen war Marlene Dietrich, die bald selbst zum »Girl vom Kurfürstendamm« werden sollte.

Die schönsten Beene von Berlin

Zwar begannen die zwanziger Jahre für sie nicht unter den besten Voraussetzungen. Die Zeit war für sie ebenso verwirrend wie für viele ihrer Zeitgenossen, zudem hatte die knapp 20-jährige noch keine klaren Vorstellungen von ihrem beruflichen Werdegang. Aber im Folgenden sollte das Jahrzehnt sie und ihr Berlin-Bild so stark prägen, dass sie ihren Lebenserinnerungen eine Beschreibung der Dekade – quasi als Rechtfertigung für deren Titel »Ich bin, Gott sei Dank, Berlinerin« – vorangestellt hat: »Berlin in den zwanziger Jahren war allem voraus, was sich jetzt in der Welt als ›neu‹ in unserer Branche behauptet«, heißt es da. »Es gab alles, die großen Theater von Reinhardt,

The loveliest legs in Berlin
At the start of the Twenties Marlene was not sure how her career would develop but she knew that Berlin was the place to be. "It was a productive city, full of ideas and ideals and at the same time organised and practical." Her first break was in cabaret where the failed violinist's musical talent and long legs brought her immediate recognition, but the well-educated Marlene wasn't content with this image and strove to be a serious actress.

große Film-Studios, große Filme. Es gab klassische Konzerte und auch nicht klassische Konzerte. Es gab alles was Menschen begehrten in der Kunst. Es gab die schönsten Lokale, auch schwule Lokale. Berlin war eine Großstadt – productif und reich an Ideen, reich an Organisation – reich an Idealen und zugleich praktisch, eine nie erreichte Kombination!«

Diese Kombination hat sich Marlene auch selber zu eigen gemacht. Auch sie war produktiv, reich an Ideen und Organisation und praktisch, nur musste sich ihre Energie nach der abgebrochenen Musikausbildung erst einmal einen neuen Weg bahnen. Bereits in ihrer Jugend hatte sie regelmäßig Theater, Opern und Filme gesehen. Diese Anteilnahme am kulturellen Geschehen setzte sie fort, als sie von Weimar nach Berlin zurückkam. Wenn sie sich auch nicht für die unterschiedlichen Regisseure interessierte, so war sie doch empfänglich für die Ausdrucksformen der verschiedenen Akteure. Beeindruckt von den Kreativen auf Bühne und Leinwand verspürte sie Lust, es ihnen gleichzutun und strebte eine schauspielerische Laufbahn an.

Dabei fiel ihr nichts in den Schoß, vielmehr musste sie ganz unten anfangen. Sie machte keine steile Karriere, sondern arbeitete sich Stück für Stück nach oben. Sie versuchte es mit Werbeaufnahmen für Schallplatten und Mode, mit Tingeltangel, kleinen Theater- und Filmrollen, bevor sie endlich die Chance bekam, ihr wirkliches Können unter Beweis zu stellen. Es sollte Jahre dauern, bis sich erste Erfolge einstellten und fast ein Jahrzehnt, bis es die knapp 30-jährige endgültig geschafft hatte. Der Einstieg war das Kabarett. Die Welt des Varietés und der leichten Muse schien wie geschaffen für Marlene. Hier konnte die gescheiterte Geigensolistin nicht nur ihr musikalisches Talent einbringen, sondern auch ihre langen Beine. Schauspielunterricht hatte sie noch nicht genommen, dafür kam ihr bei den Revuen der Gesangs- und Tanzunterricht zu Gute, den sie gelegentlich genossen hatte. Ihr Debüt gab die Dietrich, ihrem Biografen Steven Bach zufolge, im Kellerclub vom Theater des Westens in der Hardenbergstraße, danach spielte sie auf verschiedensten Berliner Kabarett-Bühnen. Sie soll in der Revue-Truppe von »Guido Thielschers *Girl-Kabarett*« aufgetreten und auf Tournee gegangen sein und in den kessen Produktionen von Rudolf Nelson Bühnenerfahrungen gesammelt

In September 1922, after one failed audition and some unsuccessful drama tuition she finally landed several minor roles. She loved being in the company of great actors and actresses and was prepared to do anything just to stand in the spotlight.

Marlene (ganz rechts) als Revue-Girl im Komödienhaus Berlin in »Broadway« (1928).
Marlene (far right) in the chorus line in "Broadway" at the Komödienhaus, Berlin (1928).

haben. Zu einem eigenen Stil hat sie dabei noch nicht gefunden, aber das Ambiente der Varietés sog sie in sich auf: »Ihre Begeisterung für die Theaterwelt und die damit verbundene Lebensart brachten ihr den einprägsamen Namen ›das Girl vom Kurfürstendamm‹ ein, der für den Rest des ›Jahrzehnts ihr Image prägen sollte«, konstatiert Steven Bach.

Doch mit diesem Image wollte sich die Tochter aus gutem Hause, die Rilke und Goethe verehrte, nicht auf Dauer zufrieden geben. Sie hatte sich vorgenommen, eine ernstzunehmende Schauspielerin zu werden. 1922 sprach sie deshalb an einer der renommiertesten Schauspielschulen Europas, der von Max Reinhardt vor. Erst einen melancholischen Text aus Hugo von Hofmannsthals Theaterstück »Der Tor und der Tod«, den sie sich selber ausgesucht hatte, dann Gretchens Gebet aus Goethes »Faust«: So sehr sie sich

bemühte, die tragischen Worte mit Leben zu füllen – sie konnte die Prüfer nicht überzeugen. Vielleicht wirkte sich die angespannte Atmosphäre negativ aus, da sie vor unzähligen Männern niederknien musste – angeblich warf ihr einer von ihnen unvermittelt ein Kissen zu, das sie weiter verunsicherte –, vielleicht war sie auch schon zu sehr von der leichten Muse infiziert, um in solchen Rollen glaubhaft zu wirken. Jedenfalls wurde sie abgewiesen. Doch sie gab nicht auf. Zusammen mit Grete Mosheim nahm sie privaten Schauspielunterricht bei einem Dozenten der Reinhardt-Schule, Dr. Berthold Held. Der Unterricht war offenbar von mäßiger Qualität. Grete Mosheim zufolge konnte ihnen der von sich eingenommene Mitarbeiter und Freund Max Reinhardts nicht viel beibringen. Anstatt seine Anweisungen zu befolgen, machten sich die Schauspielschülerinnen lustig über ihn und lernten mehr beim Gymnastikunterricht. Auch den großen Meister selber, Max Reinhardt, bekamen sie nicht zu sehen. Aber durch den Unterricht an dessen Schule hatten sie Zugang zu seinen Bühnen. Schon im September 1922 durfte Marlene in den Kammerspielen des Deutschen Theaters in der Schumannstraße in die Rolle der Ludmilla Steinherz in Frank Wedekinds »Die Büchse der Pandora« schlüpfen. »Ob man es glaubt oder nicht, ich wusste nichts von dem Stück, denn ich trat nur im dritten Akt auf. Noch heute weiß ich nicht, worum es darin geht«, behauptet Marlene in ihren Lebenserinnerungen. Kurz darauf spielte die 20-jährige im Großen Schauspielhaus, dem ehemaligen Zirkus Schumann in der Karlstraße, in Shakespeares »Der Widerspenstigen Zähmung« mit. Wieder war die Rolle der Witwe nichts Anspruchsvolles. »Ich brauchte nur drei Sätze zu sagen, aber das war mehr, als man mir bisher je zugestanden hatte«, schreibt sie über den Auftritt. »Der männliche Hauptdarsteller sagte, man könne mich in der ersten Reihe nicht verstehen. Ich wartete auf den endgültigen Urteilsspruch. Elisabeth Bergner spielte die Widerspenstige. Sie war von Geburt Österreicherin, hatte später in der Schweiz gelebt und sich schließlich in Berlin niedergelassen. Sie hatte Nachsicht mit den Anfängerinnen und konnte den Regisseur davon überzeugen, uns in die Besetzung aufzunehmen.« Anschließend ließ die junge Dietrich keine Gelegenheit aus, um auf der Bühne zu stehen. Sie war bereit, für erkrankte Kolleginnen einzuspringen und für mehrere Auftritte an einem Abend von einem Theater zum anderen zu hetzen, hier das Dienstmädchen, dort eine Halbweltdame zu spielen, wenn sie bloß im Rampenlicht stehen konnte. Entscheidend war nicht allein, dass sie sich dabei verschiedene Schauspieltechniken aneignete. Sie machte sich gleichzeitig mit der Theaterszene vertraut: »Ich war sehr

glücklich, mit großen Schauspielern und Schauspielerinnen in Berührung zu kommen«, behauptet Marlene. »Ich tat, was von mir verlangt wurde, wie auch später immer in meinem Leben und bei meiner Arbeit.«

Lehrjahre vor der Kamera

Inzwischen hatte sie auch versucht, beim Film unterzukommen. Sie war eine begeisterte Kinobesucherin und die laufenden Bilder übten eine magische Anziehungskraft auf sie aus. Zudem entwickelte sich der Film zu *der* Kunstform der zwanziger Jahre. 1929 gab es allein in Berlin 363 Kinos, für die 79 in der Stadt ansässige Filmproduktionen 173 Spielfilme drehten. In verschiedenen Stadtteilen, unter anderem in Tempelhof, Weißensee, Lankwitz, Johannisthal oder Marienfelde, waren Studios entstanden, in Neubabelsberg bei Potsdam hatte sich das Ateliergelände der Universum-Film AG (Ufa) zu einem der größten Europas entwickelt.

In dieser Zeit hatte der deutsche Film auch auf dem internationalen Markt eine wichtige Rolle inne. Dazu trugen Regisseure wie Ernst Lubitsch, Friedrich Wilhelm Murnau, Georg Wilhelm Pabst, Fritz Lang und Darsteller wie Conrad Veidt, Werner Krauss, Emil Jannings, Lil Dagover und Louise Brooks bei. Ihre Werke erzählten von den Traumata des Kriegs, von Schrecken und Faszination der Großstadt, von Naturwundern in Grönland und den Alpen. Aber auch von gesellschaftlichen Veränderungen, die unter anderem neue Frauentypen wie den Vamp oder die Kindfrau hervorbrachten. Am Anfang des Jahrzehnts stand Robert Wienes großer Filmmythos *Das Cabinet des Dr. Caligari*, dessen expressionistische Ästhetik die Existenzangst nach dem verlorenen Weltkrieg einfing. Das von Unsicherheit und Bedrohung gekennzeichnete Lebensgefühl findet sich auch in Murnaus 1922 entstandenem *Nosferatu. Eine Symphonie des Grauens* und Fritz Langs *Dr. Mabuse, der Spieler* wieder. Lubitsch dagegen lieferte elegante Unterhaltungsfilme wie *Madame*

The young apprentice
Meanwhile Marlene also tried to get into film, a medium that had always held a magic fascination for her. The Ufa studios in Berlin were the largest in Europe and German cinema, with directors like Lubitsch, Murnau, Pabst and Lang, had gained international recognition. Marlene loved the melodrama of the stories and their characters and for her cinema was a continuation of the theatre using other means. She was given a couple of

31

Dubarry, mit dem am 18. September 1919 der neue Ufa-Palast am Zoo eröffnet wurde, oder den 1920 fertig gestellten Streifen *Anna Boleyn* mit Henny Porten. Eins der bedeutendsten Werke der Weimarer Zeit war Fritz Langs *Metropolis*. Mit ungeheurem finanziellen und technischen Aufwand gedreht, wurde das 1927 uraufgeführte Werk zum finanziellen Fiasko, wenig später aber zum Klassiker der Filmgeschichte.

Von all dem nahm Marlene zunächst nur am Rande Notiz. Noch hatte sie keinen Blick für die großen Meister der Leinwand, ihre Themen und ihre Sprache. Sie war lediglich von den melodramatischen Geschichten und den Gestalten, die sie erzählen, eingenommen. Für sie persönlich war das Kino, mit dem sie während ihrer Zeit im Stummfilmorchester erstmals näher in Berührung kam, bloß eine Fortsetzung des Theaters mit anderen Mitteln. Aber sie spürte, dass hier möglicherweise ihr zukünftiges Betätigungsfeld lag. Ihren ersten nachweisbaren Auftritt hatte sie in *So sind die Männer* von Georg Jacoby, der auch unter dem Titel *Der kleine Napoleon* bekannt ist. Zwar war sie weder mit der winzigen Rolle noch mit dem Ergebnis zufrieden – »Ich sah aus wie eine Kartoffel mit Haaren«, soll sie die Bilder kommentiert haben – aber es war immerhin ein Anfang, auf dem sich aufbauen ließ. Schon wenig später gab ihr Wilhelm Dieterle in seiner Guter-Samariter-Geschichte *Der Mensch am Wege* eine zweite Chance. Sie spielte eine junge Krämerstochter, die typische Rolle der jungen Naiven, für die sie sich schon im Theater vorbereitet hatte. Doch im Grunde passte sie gar nicht zu ihr. Mit der Zeit wurde ihr bewusst, dass ihr Part in Film und Theater eigentlich ein ganz anderer war: »Ich musste mir also einen anderen Stil aneignen«, erklärt sie rückblickend, »mühsam in die Haut einer anderen Frau schlüpfen. Ich mochte sie nicht, diese Frau. Aber ich lernte brav alle ihre abscheulichen Sätze.«

Noch bevor sie diese neuen Sätze alle beherrschte, fiel ihr noch eine andere Rolle zu: die der Ehefrau und Mutter. Daran war ausgerechnet die *Tragödie der Liebe* schuld. Für den Film des Regisseurs Joe May, bei dem neben Emil Jan-

small film parts and soon realised that her talent lay in playing a particular type of female character. However, before she was to develop this role fully, she landed another one – that of wife and mother. Rudolf Sieber, an Assistant Director, selected Marlene for a part in a film auspiciously called "Tragedy of Love." She arrived for the audition wearing a negligée, feather boa and green gloves and immediately fell in love with the elegant Austrian-Czech, not because he had helped her with her career, but because he

nings dessen Frau Mia May mitspielen sollte, wurden Schauspielschülerinnen der Max-Reinhardt-Schule gesucht, die bereit wären, in dem Streifen in Statistinnenrollen halbseidene Damen zu geben. Regieassistent Rudolf Sieber hatte die Aufgabe, sich die Kandidatinnen nähern anzusehen. Unzählige junge Frauen stellten sich ihm vor. Unter anderem auch Marlene, die hier ihre Chance witterte. Um sich von den Mitbewerberinnen abzuheben und möglichst extravagant zu erscheinen, präsentierte sie sich in einer Art Negligé mit Federboa und grünen Handschuhen. »In diesem Kleid sah sie lächerlich aus. Wie ein Kind, das sich als Erwachsene verkleidete! Ich wollte lachen, aber natürlich konnte ich nicht. So gab ich ihr die Rolle. Sogar in diesem Plunder schien sie die Richtige zu sein für die Rolle der Lucie«, soll Rudolf Sieber seiner Tochter Maria Riva zufolge seine erste Begegnung mit der Dietrich beschrieben haben. Marlene bekam daraufhin nicht nur die Statistenrolle, sondern fand auch einen Ehemann. Als der attraktive Rudolf Sieber im eleganten Tweedanzug vor ihr stand, verliebte sie sich Hals über Kopf in ihn und teilte schon kurze Zeit später ihrer Mutter mit, dass sie den Mann kennen gelernt habe, den sie heiraten will. »Ich liebte Rudolf Sieber«, erinnert sie sich später, »aber nicht, weil er mir half, sondern weil er schön war, blond, groß, klug – alles, was ein junges Mädchen sich wünscht.« Sieber seinerseits war für die Reize der kessen jungen Frau nicht unempfänglich.

Während sie in der *Tragödie der Liebe* die Geliebte eines Rechtsanwalts spielte, wurde sie im richtigen Leben die Geliebte des österreichisch-tschechischen Regieassistenten und bald darauf seine Frau. Zwar behauptet sie in ihren Memoiren, zwischen Bekanntschaft und Hochzeit hätte eine einjährige Verlobungszeit gelegen, während der sie ihren Bräutigam nur in Anwesenheit Dritter traf. In Wirklichkeit fand die Hochzeit aber schon nach einem halben Jahr statt. Marlene Dietrich wurde mit 21 Jahren am 17. Mai 1923 im Rathaus von Berlin-Friedenau Frau Sieber, um anschließend in der Kaiser-Wilhelm-Gedächtniskirche, ihrer Lieblingskirche, vor den Traualtar zu treten. In der Anfangszeit ihrer Ehe waren Marlene und Rudi, wie sie ihn nannte, das

was "blonde, tall and clever – all a young girl could wish for". Six months later on 17th May 1923, they were married at Friedenau Town Hall and in the Kaiser Wilhelm Memorial Church, Marlene's favourite church.

At first Marlene and "Rudi" seemed to be the perfect couple. Young, good-looking and passionate, they burst on to the Berlin nightlife scene with its gay and transvestite bars. Soon Marlene was desperate to have a child and her wish was granted, but her relationship with Rudi began to cool and

perfekte Paar. Jung, gutaussehend und voller Energie, genossen sie das Leben in vollen Zügen. Sie gingen aus, stürzten sich ins Berliner Nachtleben, auch in die Bars und Clubs, in denen Schwule und Transvestiten verkehrten, und eroberten die quirlige Szene der Großstadt. In dieser Zeit war das Verhältnis der beiden offenbar von Liebe und Leidenschaft gekennzeichnet. »Seit der Hochzeit habe ich ganz für ihn leben können, da ich keinen Film habe und erst im Winter wieder Theater spiele«, notierte die junge Ehefrau am 2. Juli 1923 in ihrem Tagebuch. »Ich bin sehr zufrieden, weil ich weiß, dass er glücklich ist, und sehne mich sehr nach einem Kind. Da wir möbliert wohnen (damals in der Kaiserallee 17, der heutigen Bundesallee; U.W.) und keine Aussicht haben, eine Wohnung zu bekommen, geht das jedoch nicht. Aber ein Kind lässt sich durch nichts ersetzen, und ich werde dann wohl zu Mutti ziehen.«

Der unbedingte Wunsch nach einem Kind wurde auch erfüllt, aber die tiefen Gefühle der beiden Eheleute füreinander sollten im Laufe der nächsten Jahre merklich abkühlen. Ob dafür der Umgang mit anderen attraktiven Menschen ihrer Branche ausschlaggebend war, die Untreue eines der beiden Partner oder auch eine gewisse berufliche Rivalität, lässt sich nicht genau sagen. Jedenfalls machte Marlene bald wieder ihren zahlreichen Verehrern schöne Augen, während Rudi nach hübschen Schauspielerinnen Ausschau hielt – und fündig wurde. Dabei scheint Eifersucht kaum ein Thema gewesen zu sein. Vielmehr bestand zwischen den beiden eine Übereinkunft, nach der sie sich Beziehungen mit anderen Partnern zugestanden. Ihre eigene Liebesbeziehung verwan-

In der Kaiser-Wilhelm-Gedächtniskirche ließen sich Marlene Dietrich und Rudolf Sieber am 17. Mai 1923 trauen. *Marlene Dietrich and Rudolf Sieber took their marriage vows in the Kaiser Wilhelm Memorial Church on 17th May 1923.*

they were both unfaithful. Jealousy did not seem to be an issue and their love for each other turned into a life-long friendship where Marlene earned the money and Rudi became her mentor, advisor, father figure and even confidant. Marlene's career was of the utmost importance to both of them and she played several film and stage roles before giving birth to her daughter, Maria on 13th December 1924. Initially, Marlene was enchanted with motherhood and breast-fed her daughter lovingly, but in less than a

delte sich indessen in eine lebenslange Freundschaft. Während Marlene die Familie ernährte,
wurde Rudi zum Freund, Mentor und Berater
seiner Frau und übernahm in gewisser Weise die
Rolle des nicht vorhandenen Vaters. Er beriet sie
in finanziellen und beruflichen Fragen, handelte
ihre Verträge aus, brachte Ordnung in ihre Pa-
piere und bewahrte dabei auch alles Wichtige für
die Nachwelt, für die »Legende« auf. »Rudi hatte
immer einen erstaunlich feinen Instinkt, wenn es
darum ging, was für das berufliche Image seiner
Frau nützlich sein konnte ...«, erinnert sich seine
Tochter Maria Riva. Im übrigen wurde er sogar
bei ihren unzähligen Affären ihr Vertrauter, hatte
das richtige Rezept für jede Situation und spen-
dete auch Trost bei Liebeskummer.

Marlene Dietrich mit ihrem
Mann Rudolf Sieber.
*Marlene Dietrich with her husband
Rudolf Sieber.*

   Das Wichtigste war für beide die Karriere
der Dietrich. Die war zwar zum Zeitpunkt der
Eheschließung noch lange nicht gesichert, aber
ihr Drang zur Leinwand schien nicht aufzuhalten
zu sein. Noch im selben Monat, in dem sie vom Mutterglück träumte, stand
sie wieder vor der Kamera. *Der Sprung ins Leben* heißt der Film von Dr. Johan-
nes Guter, in dem Marlene eine Badenixe spielt und zu dessen Dreharbeiten
sie an die Ostsee fuhr. Kaum war sie zurück in Berlin, stand sie auch wieder
auf der Bühne: Erst in dem Boulevardstück »Mein Vetter Eduard«, dann in
Shakespeares »Ein Sommernachtstraum« im Theater in der Königgrätzer
Straße (der heutigen Stresemannstraße), wo sie die Amazone Hypolita spielte. Weitere Auftritte hatte sie in Frank Wedekinds »Frühlings Erwachen« und
in Björnsons »Wenn der neue Wein wieder blüht«. Bis hin zu Molières »Der
eingebildete Kranke«, in dem sie ein Dienstmädchen verkörpert hat, spannt

year she was back at work. Whether it was the lure of the spotlight or
financial necessity isn't clear, but Sieber was often unemployed and Marlene's mother had to pay towards their rent.
In 1925 Marlene attracted critical acclaim playing the role of a decadent
vamp, who wore trousers, a monocle and smoked cigarettes, in a comedy
staged at the Schauspielhaus. Her film work in 1926 was less successful,
but later that year she appeared in a revue where she met Claire Waldoff,

35

sich der Bogen ihres schauspielerischen Repertoires: Zwei Jahre nachdem sie bei der Aufnahmeprüfung zu Max Reinhardts Schauspielschule durchgefallen war, konnte sie auf ein Dutzend Bühnenproduktionen und vier Filme zurückblicken, hatte also als Schauspielerin bereits eine erste produktive Phase hinter sich.

Die wurde erst durch die Schwangerschaft unterbrochen. Kurz vor ihrem eigenen Geburtstag brachte Marlene am 13. Dezember 1924 ihre Tochter Maria zur Welt. »Sie wurde geboren. Ich schrie und litt wie alle Frauen damals gelitten haben. Ich schrie und litt, und ich brachte eine kleines Mädchen zur Welt«, beschreibt Marlene in ihren Erinnerungen das wichtige Ereignis. Zunächst widmete sie sich ganz der Pflege des Babys, stillte es hingebungsvoll und stellte fest, dass sich für sie die ganze Welt veränderte, dass »sich plötzlich alles nur noch um ein Kind in einer Wiege« drehte. »Ein Heim ohne Kind ist kein Heim«, war sie überzeugt und betrachtete das Mutterglück als das höchste auf Erden.

Allerdings hielt auch dies sie nur für begrenzte Zeit zu Hause fest. War das Verlangen, wieder im Rampenlicht zu stehen, stärker als die mütterlichen Gefühle? Oder waren es finanzielle Erwägungen, die sie dazu bewegten, ihre Arbeit wieder aufzunehmen? Immerhin taugte Rudolf Sieber nur bedingt als Ernährer der Familie. Zwar verdingte er sich als Aufnahmeleiter und Regieassistent, war aber mitunter auch ohne Beschäftigung. Jedenfalls musste Marlenes Mutter noch einen Teil der Miete für die Wohnung in Berlin-Wilmersdorf in der Kaiserallee 54, die die junge Familie bewohnte, übernehmen. Erst in den folgenden Jahren brachten die Aufträge der Dietrich genügend Geld, so dass sich das Paar nun sogar Luxusgüter wie Pelze und Autos leisten konnte.

Nach einjähriger Pause wurde also Maria, genannt Heidede, in die Obhut von Josephine von Losch gegeben, um der jungen Mutter die Rückkehr zur Bühne zu ermöglichen. Als erstes wirkte Marlene in Bernard Shaws »Zurück zu Methusalem« mit, das im November 1925 Premiere hatte. Bald

> who is said to have refined her singing style and introduced her to the delights of lesbianism. In 1927 she followed the actor Willi Forst to Vienna where she was involved in a silent film and several stage productions. She left her daughter in Berlin in the care of her husband and Tamara Matul, a Russian friend whom Maria grew to love. Maria Riva recalls her mother returning with her new boyfriend and a musical "saw", which was to become another of her hallmarks.

darauf begannen die Proben für die Komödie »Duell am Lido« von Hans J. Rehfisch. Darin fiel die ehrgeizige Schauspielerin als Garçonne in Hosen nicht nur den Kritikern auf. Auch Hedda Adlon, die mit ihrem Mann eine der Vorstellungen im Staatlichen Schauspielhaus am Gendarmenmarkt besucht hatte, blieb die dralle Erscheinung in Erinnerung: »Albert Patry spielte einen alten vornehmen General, dessen Tochter Lou, im Gegensatz zum Vater, äußerst mondän und dekadent, kurz ein Mädchen vom Typ des Vamps, war« heißt es in ihrem Buch »Hotel Adlon«. »Sie trug ein Monokel, rauchte Zigaretten und war sehr verführerisch und gefährlich. Allzu viel zu sprechen hatte sie nicht in dieser Rolle. Was sie spielte, musste sie mit der Mimik ihres Gesichtes, den Gesten ihrer schönen, ausdrucksvollen Hände und den Bewegungen ihrer ebenso ausdrucksvollen Beine sagen …« Wichtiger als das Spiel von Händen und Beinen waren die männlichen Attribute – Hosen und Monokel –, mit denen die Dietrich bereits vorher kokettiert hatte und die jetzt zu ihrem Markenzeichen wurden. »Damals war ein Monokel der Gipfel des ›Makabren‹«, sinniert sie. »Meine Mutter gab mir das Monokel meines Vaters, das sie seit Jahren aufbewahrt hatte.« Zusammen mit Krawatte und Hosen wurde es Bestandteil ihres androgynen Images, das sie von nun an kultivierte.

Bescheidener und weniger markant sind demgegenüber die Rollen, die sie in den Filmen dieser Zeit spielte. Für Arthur Robinson stand sie in *Manon Lescaut* in den Ufa-Studios in Berlin-Tempelhof und Neubabelsberg vor der Kamera. Der Film wurde im Februar 1926 im Ufa-Palast uraufgeführt. Kurz darauf arbeitete sie für den Regisseur Alexander Korda in *Eine Dubarry von heute* und *Madame wünscht keine Kinder*. Beides Nebenrollen, die sie offensichtlich ihrem Ehemann zu verdanken hatte, der für Korda tätig war. Doch sollte sie sich auch in dieser Hinsicht bald von Rudi Sieber emanzipieren. In den folgenden Filmen von Willi Wolff – *Kopf hoch, Charly* und *Der Juxbaron* – kam sie nicht nur ohne ihn zurecht, sie spielte nun auch anspruchsvollere, tragende Rollen. Vor allem in der Komödie *Der Juxbaron*, wo sie als Sophie Windisch versucht, sich einen reichen Baron zu angeln, konnte sie nicht nur ihr Aussehen, sondern auch das ihr eigene Temperament ins Spiel bringen. Dabei kündigte sich ein weiteres ihrer Markenzeichen an: der Augenaufschlag, der sich zwar teilweise aus der für den Stummfilm nötigen Art zu spielen erklärt, aber dennoch ein besonderes Charakteristikum der Dietrich werden sollte.

Ein weiteres Erkennungszeichen hatte sie der Revue »Von Mund zu Mund« von Erik Charell zu verdanken, die vom 22. Oktober 1926 an im Großen Schauspielhaus, dem späteren Friedrichstadtpalast, aufgeführt wurde.

Studiogelände in Babelsberg in den dreißiger Jahren.
Studio Babelsberg (1930s).

Marlene sprang für eine erkrankte Darstellerin ein und lernte auf diese Weise Claire Waldoff kennen. »Wie scheen det Kind ist! Und die Beene! Ik sare nur – die Beene! Aus der kann wat wern«, soll die rothaarige Ulknudel Curt Riess zufolge ausgerufen haben. Die Berliner »Institution« mit knapp 20-jähriger Bühnenerfahrung, deren lesbische Neigungen allzu bekannt waren, soll sie nicht nur in die Geheimnisse der gleichgeschlechtlichen Liebe eingeweiht, sondern ihr auch zu einer eigenen Vortragsweise verholfen haben. Steven Bach geht jedenfalls davon aus, dass »die Waldoff Marlenes Stil entwickelte und sie in die Kunst einwies, wie man ein Lied vorträgt, ohne eine einwandfreie Stimme zu besitzen«. Nach diesem Meilenstein ihrer künstlerischen Entwicklung spielte Marlene bis März 1927 noch kurz bei einem eher unbedeutenden Film mit – *Sein größter Bluff* in der Regie von Harry Piel –, um bald darauf erstmals für einige Zeit ihre Heimatstadt der Karriere wegen zu verlassen.

Statt in Berlin auf interessante Angebote zu warten, folgte sie Willi Forst nach Wien. Sie hatte den Schauspieler vermutlich im Salon von Betty Stern in der Barbarossastraße in Berlin-Schöneberg kennen (und lieben) gelernt. Dort verkehrten Intellektuelle, Künstler und andere Berliner Salonlöwen. Jetzt ergab sich für sie die Möglichkeit, in der Donaumetropole an Forsts Seite im Auftrag einer österreichischen Filmgesellschaft bei *Café Electric* mitzuwirken. Ihre Tochter überließ sie dem in Berlin verbliebenen Ehemann und einem neuen Familienmitglied, der Russin Tamara Matul: »Während meine Mutter in Wien arbeitete, war oft eine ihrer Freundinnen bei uns. Sie hieß Tamara. Mein Vater und meine Mutter nannten sie ›Tami‹ … Sie sah genauso aus, wie ich mir eine weißrussische Emigrantin vorstellte. Hohe, slawische Wangenknochen, ein schlanker Körper wie eine Tänzerin, langes, braunes Haar und dunkelbraune Augen wie ein furchtsames Reh … In meiner ganzen Kindheit blieb Tami meine Freundin, sie war der Mensch, den ich am meisten liebte.« Während sich also Tami liebevoll um die Zweieinhalbjährige und deren Vater kümmerte, der von nun an ihr Lebensgefährte war, drehte Marlene mit dem Regisseur Gustav Ucicky den Film mit dem deutschen Titel *Wenn ein Weib den Weg verliert*. Das Weib, das sich verirrt, ist die Tochter eines wohlhabenden Bauunternehmers, die sich in einen ebenso charmanten wie gerissenen Gelegenheitsdieb (Willi Forst) verliebt. Tanzeinlagen und Jazzmusik machen den Streifen schwungvoll und ausgesprochen unterhaltsam. Die Dreharbeiten begannen im Sommer 1927, Premiere war im November. Doch da kam Marlene noch lange nicht nach Berlin zurück. Auf ihrem Programm standen noch zwei Bühnenrollen in den Wiener Kammerspielen und im Theater in der Josefstadt:

In dem New Yorker Erfolgsstück »Broadway«, einer schmalzigen Liebes- und Detektivgeschichte, durfte die knapp 26-jährige vom September an zusammen mit fünf anderen Girls viel Bein zeigen. Kurz darauf, im November 1927, lief die Komödie »Die Schule von Uznach« von Carl Sternheim an, in der sie die Rolle der Thylla Vandenbergh übernahm. Das Stück war so erfolgreich, dass es bis in den Januar hinein gespielt wurde – und die junge Mutter auch an Weihnachten und am dritten Geburtstag ihrer Tochter in Wien festhielt.

»Als meine Mutter endlich wieder zurückkam, brachte sie eine große Säge mit, die sie zwischen die Knie geklemmt spielen konnte, sowie einen neuen Freund, ihren Filmpartner Willi Forst«, erinnert sich Maria Riva in »Meine Mutter Marlene«. Die so genannte singende Säge, ein geschwungenes Stück Metall, das sie mit einem Geigenbogen bearbeitete, um Töne zu erzeugen, wurde von nun an ein weiteres ihrer Markenzeichen. Später sollte sie sich unter anderem bei ihren Auftritten vor amerikanischen Soldaten dieses ebenso originellen wie pflegeleichten Instruments bedienen. Diese Art zu musizieren hatte ihr der attraktive Schauspieler Igo Sym beigebracht, der ebenfalls in *Café Eletric* und offensichtlich auch in Marlenes Privatleben eine gewisse Rolle übernommen hatte.

Aus Wien brachte Marlene Dietrich außerdem die Rolle der Ruby aus »Broadway« mit, die ihr den nahtlosen Übergang zu den Berliner Bühnen ermöglichte. Denn schon im März 1928 wurde das »amerikanische Zeitbild in drei Akten« im Berliner Komödienhaus aufgeführt. Während Marlene das Berliner Publikum wieder auf sich aufmerksam machte, lag auch schon der nächste Erfolg in der Luft: »Es war mir gesagt worden, ich sollte mich bei einem gewissen Forster Larrinaga vorstellen, in der ›Komödie‹, einem bezaubernden kleinen Theater am Kurfürstendamm, das ebenfalls Max Reinhardt unterstand. Dort fand das Vorsprechen für die nächste Inszenierung statt, eine Art Musical ganz neuen Stils (auch ›literarische Revue‹ genannt)«, erklärt Marlene, wie sie zu ihrer Rolle in »Es liegt in der Luft« kam. Regie führte Robert Forster Larrinaga, Buch und Text waren von Marcellus Schiffer, die Musik stammte von dem Komponisten Mischa Spoliansky, der auch beim Vorsprechen oder besser -singen anwesend war und sich für Marlene stark gemacht haben soll.

Eine Frau, nach der man sich sehnt

Die Revue »Es liegt in der Luft«, die im Mai 1928 Premiere feierte, spielte in einem Warenhaus. Protagonisten sind zwei Freundinnen, die davon besessen sind, alle herabgesetzten Restposten zu kaufen. Eine der Schnäppchenjägerinnen, die, wie sie behaupten, »aus sexueller Not« heraus sogar stehlen, war Marlene, die andere war Margo Lion, die Frau des Regisseurs. »Eine seltsame Frau«, schreibt die Dietrich über sie. »Sie war dünn wie eine Bohnenstange, hatte nicht jene von den Deutschen so geschätzten üppigen Formen. Sie war Französin und sprach tadellos Deutsch. Sie hatte eine ›satirische und ultramoderne‹ Art zu singen, um einen berühmten Kritiker zu zitieren. Ein Stil, den sie beibehielt.« Den versuchte sich auch der angehende Bühnenstar anzueignen. Zumindest ließ er sich von der Diseuse inspirieren – auch deren überschlanke Silhouette mit der androgynen Ausstrahlung blieb nicht ohne Wirkung auf die molligere Marlene. Lions Arbeitsweise hatte sie beeindruckt: »Während der Proben war sie unerbittlich und beobachtete immer aus dem Augenwinkel heraus Marcellus Schiffer. Aber sie beherrschte ihren Beruf bis in jede Einzelheit, sie war eine vollendete Künstlerin.« Besonderen Erfolg hatten die beiden mit ihrem Duett »Wenn die beste Freundin mit der besten Freundin«, das bald ganz Berlin trällerte. Die Musik, der Text, die Darbietung – alles war gelungen, eine zusätzliche pikante Note bekam die Nummer dadurch, dass sich beide einen Veilchenstrauß in Schulterhöhe an die schwarzen Kleider steckten. Dass dies das untrügliche Zeichen für lesbische Anwandlungen war, will Marlene nicht gewusst haben. Die begeisterten Zuschauer haben die Botschaft aber eindeutig verstanden.

Der Auftritt der beiden Frauen war so aufsehenerregend, dass allein »Die Dreigroschenoper« von Bertolt Brecht im Theater am Schiffbauerdamm ihnen in diesem Jahr die Show stehlen konnte. Spätestens jetzt war Marlene keine Unbekannte mehr, zumindest in Berlin hat ihr die Revue den Durchbruch gebracht.

The woman they all desire
In March 1928 Marlene went straight back on stage in the Berlin production of "Broadway" and then starred in a new kind of musical called "It's in the air". Her co-star in this "literary review" was Margo Lion, the French wife of the director whose slim, androgenous appearance both inspired and impressed Marlene. In the main duet they both wore a small bunch of violets which, unknown to Marlene, had a lesbian significance. The show

Doch auf der Leinwand ließ ein vergleichbarer Erfolg noch auf sich warten. Wieder einmal bekam sie nach einem gelungenen Bühnenauftritt nur wenige bedeutende Rollen in eher mittelmäßigen Produktionen. In einem in den Ufa-Studios in Berlin Tempelhof produzierten Film spielte sie *Prinzessin Olala*, die ein unerfahrenes Paar in die Liebe einzuweisen hat. Dem »Filmkurier« zufolge hatte sie bloß ein »Kokottchen« zu mimen, machte aber »ein Garbo-Ereignis« daraus: »Viele Garbos leben auf der Welt – hier ist wieder eine«, heißt es in einem Artikel vom 6. September 1928. »Es spricht für Robert Land, wie er dieser Neuentdeckung für den Film schon beim ersten Mal die Marotten fast abgewöhnt hat. Genug – hier tummelt sich ein Kopf vor der Kamera, an dem der Künstler unendliche Ausdeutungsmöglichkeiten findet. (Er darf die Eigenheiten nur nicht vergröbern.) Und dann die Augen! – Olala«. Gleichzeitig perfektioniert sie immer mehr die Rolle, die ihr auf den Leib geschrieben ist: die der kessen und schnoddrigen Femme fatale, des lasziven Vamp.

Nach einem Zwischenspiel am Theater in George Bernard Shaws Komödie »Eltern und Kinder« setzte sie Robert Land, der Regisseur von *Prinzessin Olala* auch noch in *Ich küsse ihre Hand, Madame* ein. Besonderer Reiz der Liebesgeschichte von einer vornehmen Dame und einem Kellner, der sich als Großfürst entpuppt, ist die von Richard Tauber gesungene Titelmelodie, die bald darauf zum beliebten Schlager wurde. Sie und die meisterhafte Darstellung von Harry Liedtke als Kellner rahmen das noch verhaltene Spiel der Protagonistin ein und ließen den Film bei der Premiere am 17. Januar 1929 im Tauentzien-Palast reüssieren. Bezeichnenderweise taucht in diesem Film erstmals die berühmte Negerpuppe auf, die sich später wie ein Leitmotiv durch Leben und Werk der Dietrich zieht.

Nicht ganz so leicht wie *Ich küsse ihre Hand, Madame* hatte es die folgende Produktion, die drei Monate später in die Kinos kam. *Die Frau, nach der man sich sehnt* ist natürlich Marlene Dietrich, die hier ihre zweite Hauptrolle spielt. In der Verfilmung eines Romans von Max Brod spielt sie eine Frau, die sich

was a great hit and Marlene Dietrich was now becoming quite a name as a femme fatale. January 1929 saw the premiere of the film of *I kiss your hand, Madame* where the black doll, another of Marlene's hallmarks, made its first appearance. Her next three films including *The woman they all desire* were unremarkable, but before the last two were released at the beginning of 1930 she had taken the public by storm in another stage revue called "The Two Ties".

nach dem Mord an ihrem Ehemann mit ihrem Geliebten (Fritz Kortner) auf der Flucht befindet und im Zug einen anderen Mann kennen lernt, in den sie sich verliebt. Sie versucht, mit ihm zu fliehen, wird aber von ihrem Geliebten entdeckt und erschossen. In ihrer ersten tragischen Rolle wirkt sie teilweise überzeugend, teilweise unbeholfen. Jedenfalls fällt ihr Spiel gegenüber dem von Fritz Kortner ab und findet bei der Uraufführung am 29. April 1929 relativ wenig Beachtung. Noch weniger Beachtung erfuhren *Das Schiff der verlorenen Menschen*, eine Seemannsgeschichte dürftigen Inhalts, die Maurice Tourneur ebenfalls mit Kortner und der Dietrich in Staaken und an der Ostsee verfilmte sowie *Gefahren der Brautzeit* von Fred Sauer.

Bevor dieser Streifen Anfang 1930 in den Roxy-Palast kam, konnte sie allerdings mit einer neuen Revue die Berliner auf sich aufmerksam machen und an den Erfolg von »Es liegt in der Luft« anknüpfen. Wieder stammte die Musik von Mischa Spoliansky und wieder führte Forster Larrinaga bei diesem Stück von Georg Kaiser Regie. Im Mittelpunkt des Geschehens steht ein Kellner (Hans Albers), der vor einer Millionenerbin flieht, um einem armen deutschen Mädchen zu folgen, das dann selber 40 Millionen erbt. Marlene schlüpfte dabei in die Rolle der Dollarprinzessin Mabel: »Ich spielte eine Amerikanerin und brauchte nur einen Satz zu sagen: ›Darf ich Sie alle bitten, heute Abend mit mir zu speisen?‹«, untertreibt sie in ihrem Buch hinsichtlich ihrer Mitwirkung in »Zwei Krawatten«. Zwar hatte sie keine tragende Rolle, doch begeisterte sie durch Tanz und Spiel, so dass sie den Zuschauern noch lange in Erinnerung bleiben sollte. »Natürlich habe ich sie in ›Zwei Krawatten‹ gesehen«, erinnert sich zum Beispiel Marlenes frühere Schulkameradin Liselotte Laabs, die in den zwanziger Jahren regelmäßig ins Theater ging. »Mit der Revue ist Marlene ja 1929 berühmt geworden. Ihr Auftritt war beeindruckend, obwohl sie auf der Bühne noch nicht so stark aus sich herausging wie später in ihren Filmen. Sie war auch gar nicht unbedingt so schön, aber sie versprühte Charme und hatte eine ungeheure Ausstrahlung.«

Das blieb auch den anderen Berlinern nicht verborgen. So schmückt im Mai 1929 ihr Portrait das Titelbild des »Magazins«. Mit dem Chefredakteur F. W. Koebner dieser in der Berliner Markgrafenstraße ansässigen Illustrierten soll die Dietrich in dieser Zeit eng befreundet gewesen sein. »Eilig hastet sie durchs Foyer zur Treppe. (…) Den beiden Herren in den dunklen Anzügen fallen fast die Augen aus dem Kopf. (…) FWK, sprich: Effweka, weiß, dass sie auf dem Weg zu ihm ist. ›Bitte keine Telefonate, bitte keine Störung‹, weist er die Sekretärin an und klemmt das Monokel fester. Da ist sie. ›Marle-

Hans Albers und Marlene Dietrich in der Revue »Zwei Krawatten« von Georg Kaiser (1929).
Hans Albers and Marlene Dietrich in the revue, "The Two Ties" by Georg Kaiser (1929).

ne, wie schön.‹« So zitiert Martina Rellin in »Marlene, Gerda und ›Das Magazin‹« eine ehemalige Mitarbeiterin vom Empfang, die diese Zeit miterlebt hat. »Galant zieht er sie in seinen Arm und die Tür hinter sich zu. ›Natürlich sagte man, der Chefredakteur hätte ein Verhältnis mit der Dietrich ...‹«

Die Dollarprinzessin wird entdeckt

Ihre besondere Ausstrahlung muss auch Josef von Sternberg wahrgenommen haben, als er die Revue »Zwei Krawatten« sah und bald darauf Marlene die Rolle im *Blauen Engel* gab. Er hatte bereits seit geraumer Zeit nach der Hauptdarstellerin für sein neuestes Filmprojekt gesucht. Immer andere Schauspielerinnen wurden ihm vorgestellt, ohne ihn jedoch zu überzeugen. »Während ich das Drehbuch diktierte, führte jeder seine Geliebte in mein Büro, und jede enthüllte ihre Reize, die, in einer Person vereinigt, mehr als begehrenswert gewesen wären. Die eine hatte die richtigen Augen, die andere eine anmutige Haltung, die nächste X-Beine, und dann kam eine mit einer Stimme, die unwiderstehlich war. Aber ich wusste nicht, wie ein halbes Dutzend Frauen die Rolle spielen sollten«, beschreibt der Regisseur in seiner Autobiografie das Dilemma. In einem Schauspielerkatalog hatte man ihm auch Fotos der Dietrich präsentiert, die er aber uninteressant fand – bis er sie in »Zwei Krawatten« auf der Bühne erlebte: »In dieser Aufführung sah ich Fräulein Dietrich in Fleisch und Blut, wenn man das sagen kann, denn sie hatte sich so vermummt, als versuche sie, jeden Teil ihres Körpers zu verbergen. Sie hatte kaum etwas auf der Bühne zu tun, und man sah wenig von ihr. Ich erinnere mich nur an einen einzigen Satz, den sie sprechen musste. Aber es war das Gesicht, das ich suchte, und soweit ich erkennen konnte, stand ihre Figur dem in nichts nach. Außerdem besaß sie etwas, was ich nicht erwartet hatte, und das verriet mir: die Suche war beendet. Sie lehnte sich mit kalter Verachtung für die grotesken Possen an die Kulissen. Das stand in deutlichem Gegensatz

The Dollar Princess is discovered
In the summer of 1929 the Austrian Director, Josef von Sternberg, arrived from Hollywood to make the first German film with sound. *The Blue Angel* was the film version of Heinrich Mann's novel about a provincial schoolmaster who falls for a night-club singer, marries her and becomes the laughing stock of the town. Emil Jannings was to play Professor Immanuel Rath, but von Sternberg couldn't decide whom to cast as the

45

zu dem Übereifer der anderen, denen man gesagt hatte, sie müssten mir ein Beispiel der großen Schauspielkunst auf deutschen Bühnen liefern … Ihr Aussehen war ideal. Was sie damit tat, war eine andere Sache. Das war meine Aufgabe.«

Josef von Sternberg war im Sommer 1929 aus Amerika gekommen, um für die Ufa in Neubabelsberg den ersten Tonfilm zu drehen. Nachdem sich der gebürtige Österreicher vom kleinen Filmvorführer zum Regisseur der renommierten Paramount in Hollywood hochgearbeitet und mit Gangsterfilmen einen Namen gemacht hatte, sollte er nun einen Film in deutscher und englischer Sprache machen, mit dem die Berliner Produktionsgesellschaft den amerikanischen Markt erobern wollte. Ursprünglich hatte man an Ernst Lubitsch gedacht, der als deutscher Paramount-Regisseur ebenfalls beide Sprachen beherrschte. Aber dessen Honorarforderungen sprengten offensichtlich den zunächst auf 350 000 Dollar festgelegten Finanzrahmen der Produktion. Josef von Sternberg wurde also als Ersatzmann engagiert. Erste Wahl war dagegen Emil Jannings, der die männliche Hauptrolle übernehmen sollte. Auch er hatte bereits Hollywood-Erfahrung, mit *Betrayal* auch einen ersten Tonfilm gemacht und einen Oscar für seine Rollen in *The Last Command* und *The Way of All Flesh* bekommen. Er war nicht nur überaus beliebt beim Publikum, er sprach auch leidlich Englisch – und schien somit in der Lage, die schwierige Aufgabe meistern zu können.

Über das gemeinsame Projekt gab es allerdings zwischen Regisseur und Auftraggebern noch Streitigkeiten. Für den ursprünglich ins Auge gefassten Rasputin-Stoff hatte von Sternberg nichts übrig. Erst relativ spät entschied man sich, Heinrich Manns 1905 verfassten Roman »Professor Unrat oder Das Ende eines Tyrannen« zu verfilmen. Während Carl Zuckmayer und Dr. Karl Vollmoeller bereits Manns Text umarbeiteten und Robert Liebmann am Drehbuch schrieb, musste Ufa-Produzent Erich Pommer noch die Direktoren der Produktionsgesellschaft überzeugen. Sollte man tatsächlich die Geschichte eines Schulmeisters auf die Leinwand bringen, der sich mit einer Kabarett-Sängerin einlässt und zum Gespött der Stadt wird? Durfte der Berufsstand des Professors, deutsches Symbol für geistige und moralische Autorität, derart durch den Dreck gezogen werden?

female lead until he saw Marlene in "The Two Ties". She had just had the face and cool manner he was looking for and although she made a poor impression at interview he decided to give her an audition.

46

Josef von Sternberg, der Regisseur des *Blauen Engels*, half Marlene ein
internationaler Star zu werden.
Josef von Sternberg, Director of The Blue Angel, *helped Marlene to become
an international star.*

Im Mittelpunkt des Films steht Professor Immanuel Rath, der entdeckt, dass seine Schüler im zwielichtigen Nachtlokal »Der Blaue Engel« verkehren und für die Nachtclubsängerin Lola Lola schwärmen. Als der Lehrer das Lokal und die ordinäre Künstlerin näher in Augenschein nimmt, verfällt er selber der feschen Lola. Da eine Heirat der Varietésängerin mit seinem Beruf nicht vereinbar ist, gibt er den Schuldienst auf und verdient sich fortan mit unwürdigen Clown-Nummern sein Geld. Die fesche Lola zeigt ihrem älteren Ehemann derweil die kalte Schulter und flirtet mit anderen Verehrern. Als der Gehörnte die Untreue zu erwürgen versucht, wird er in eine Zwangsjacke gesteckt. Zum Schluss kehrt die einstige Autoritätsperson als gebrochener Mann an den Katheder des Klassenzimmers zurück und stirbt in geistiger Umnachtung.

Heinrich Mann hatte mit seinem »Professor Unrat« einen tyrannischen verknöcherten Spießbürger porträtiert, der durch die betörende Sinnlichkeit des Show-Girls von seiner Doppelmoral befreit und zum Gauner wird, der schließlich im Gefängnis landet. Aber so enthielt der Stoff entschieden mehr Gesellschaftskritik, als es Ufa-Finanzier Alfred Hugenberg lieb sein konnte. Deshalb mussten die Drehbuchautoren den Stoff umarbeiten. Aus dem Schulmeister machten sie eine kauzige Type, die – wenn schon nicht sonderlich sympathische – so doch menschliche Züge hat.

Nachdem die inhaltlichen Fragen geklärt waren und sowohl Produzent, Regisseur als auch Hauptdarsteller feststanden, fanden sich auch bald die übrigen Schauspieler, darunter Rosa Valetti und Hans Albers, die ebenfalls in der Revue »Zwei Krawatten« aufgetreten waren. »Ich hatte mich bei der Besetzung zu elefantenähnlichen Charakterschauspielern entschlossen, weil ich hoffte, unter lauten Dicken würde die gewaltige Fülle meines Hauptdarstellers nicht so auffallen, der Tag für Tag an Umfang zunahm, weil er glaubte, er müsse sich für die vor ihm liegenden anstrengenden Arbeiten stärken«, erinnert sich von Sternberg. Nun fehlte ihm nur noch die weibliche Protagonistin. Wie Josef von Sternberg letztlich auf Marlene aufmerksam wurde – um diese Fragen ranken sich so viele Legenden, dass sie Stoff für ein eigenes Buch abgeben würden. Viele nehmen es für sich in Anspruch, den Regisseur auf die 27-jährige Schauspielerin hingewiesen zu haben. Unter anderem auch Hedda Adlon. Sie behauptet, den Punkt aufs »i« zum endgültigen Aufstieg der großen Schauspielerin gegeben zu haben, indem sie Emil Jannings in »Zwei Krawatten« schickte: »Wir hatten diese Revue gesehen und waren fasziniert von der unbeschreiblichen Entwicklung, die diese Schauspielerin in den letzten

Jahren genommen hatte. Es gelang uns damals, Emil Jannings ganz unauffällig auf diese Revue und auf Marlene Dietrich aufmerksam zu machen … Nach einem zweiten Besuch forderte er (Emil Jannings) Erich Pommer und Josef von Sternberg auf, ihn dorthin zu begleiten …«, heißt es in ihrem Buch. Allerdings ist diese Version eher unwahrscheinlich, da Jannings die Dietrich als Filmpartnerin zunächst abgelehnt haben soll. Auch Leni Riefenstahl will von Sternberg die Dietrich empfohlen haben. »Marlene Dietrich, sagen Sie? Ich habe sie nur einmal gesehen, sie ist mir aufgefallen«, habe sie ihm bei einem Essen gesagt. »In einem kleinen Künstlercafé … saß sie mit einigen jungen Schauspielerinnen zusammen. Mir fiel ihre tiefe und raue Stimme auf (und sie) sagte: ›Warum muss man immer einen schönen Busen haben, der kann ja auch mal ein bisschen hängen.‹ Dabei hob sie ihren linken Busen etwas an und amüsierte sich über die verdutzten Gesichter der um sie sitzenden jungen Mädchen. Ich glaube, diese Frau wäre ein guter Typ für Sie …«, will Leni Riefenstahl ihren Memoiren zufolge von Sternberg gegenüber geäußert haben – wobei sie seine Aufmerksamkeit vielleicht ganz dezent auf sich selber lenken wollte.

Wahrscheinlicher ist, dass die Frau von Erich Pommer oder Ruth Landshoff-York, die mit Marlene in Wien auf der Bühne gestanden hatte, dem Regisseur den entscheidenden Tipp gaben. Jedenfalls hat Josef von Sternberg irgendwann Marlene Dietrich in der Revue gesehen und am nächsten Tag zu sich bestellt.

»Ein ganzes Abendessen lang wurde darüber gestritten, was meine Mutter bei ihrem ersten Gespräch mit dem ›großen amerikanischen Regisseur‹ tragen sollte. Sie wollte unbedingt im Kostüm einer ›Hafendirne‹ erscheinen. Mein Vater bestand darauf, dass sie sich wie eine Dame kleidete«, erinnert sich Maria Riva an die aufregenden Unterhaltungen in ihrem Elternhaus und fährt fort: »Zu ihrer ersten Begegnung mit Josef von Sternberg in den Ufa-Studios kam Marlene Dietrich in ihrem besten Kostüm mit weißen Glacéhandschuhen. Zwei Silberfüchse hatte sie über ihre Schultern gehängt, um sich ein bisschen mehr Selbstvertrauen zu geben.« Für Josef von Sternberg stellte sich die Begegnung wiederum folgendermaßen dar: »Als Fräulein Dietrich am späten Nachmittag vor mir saß, tat sie nicht das geringste, um mein Interesse zu wecken. Sie saß in einer Ecke des Sofas gegenüber meinem Schreibtisch, schlug die Augen nieder und war die verkörperte Gleichgültigkeit. Ich hatte die komprimierte Weiblichkeit vor mir, die für meinen Film von allergrößter Bedeutung war, und sie versuchte, sich in Nichts aufzulösen. Sie trug ein

heliotropfarbenes Winterkostüm mit passendem Hut und Handschuhen und einen Pelz.« Später sollen auch Jannings und Erich Pommer dazu gekommen sein. Sie ließen Marlene auf und ab gehen, begutachteten ihr Aussehen, bemängelten ihre verschleierten Augen und äußerten sich wohl eher negativ. Angeblich waren alle davon überzeugt, dass die Schauspielerin Lucie Mannheim die richtige Darstellerin für die Figur war, die von Sternberg in Anlehnung an Wedekinds »Lulu« Lola getauft hatte. Auch die Kandidatin selber gab sich keine Mühe, den Regisseur zu überzeugen. Sie sagte, sie sei unfotogen und von Sternberg solle sich erst einmal ihre drei vorhergehenden Filme ansehen. Was er auch tat: »Ich stellte später fest, dass sie nicht nur in drei, sondern in neun Filmen wenig Erfolg gehabt hatte. Sie war in Musicals aufgetreten, nicht nur im Chor von Hits wie ›Broadway‹, sondern in wichtigen Rollen, für die viele talentierte Männer sie eingesetzt hatten. Offenbar hatte sie jeder in Berlin schon lange vor mir ›entdeckt‹«, schreibt Sternberg. In den drei letzten Filmen erschien sie ihm als »eine linkische, unattraktive Frau, die man sich selbst überlassen hatte. Sie bot das peinliche Bild einer albernen Gans«.

Alchemie der Kamera

Trotzdem ließ er Probeaufnahmen von ihr machen. Zu denen kam Marlene unvorbereitet, ohne Noten und auch nicht im richtigen Kostüm. Auf Sternbergs Geheiß musste sie ein Paillettenkleid anziehen – er selber steckte es ab, um ihre Figur zu betonen – und jeweils ein deutsches und ein englisches Lied singen. »Ich tauchte sie in Licht, bis die Alchemie gelungen war, und dann machte ich die Probeaufnahmen. Sie erwachte zum Leben und reagierte auf meine Anweisungen mit einer Leichtigkeit, wie ich es bislang noch nie erlebt hatte. Sie schien an all der Mühe, die ich mir mit ihr gab, Gefallen zu finden …«, heißt es in seiner Autobiografie. Die Dietrich hat die Szene Maria Riva gegenüber folgendermaßen beschrieben: »Da war ein Klavierspieler, der

The Alchemy of the Camera
Marlene sang a song in which she managed to convey Lola's sensuous vulgarity and was offered a contract for 20,000 marks (25,000 if she made the English version as well). Before filming began in the Ufa studios in November 1929 Marlene threw herself into preparing for her role and involved the whole family in her search for the right costumes and accessories. At rehearsals she impressed von Sternberg with her willingness to

kannte das Lied nicht, und du kannst dir schon denken, was dann passiert ist. Und ich wurde wütend – das war genau das, was dieser von Sternberg wollte! Er sagte, ich soll weitersingen und wirklich wütend werden, wenn der Mann falsch spielt. Das tat ich dann – und dann dachte ich, ich muss noch was anderes tun, und ich kletterte auf das Klavier, setzte mich hin und machte meine Beene schön und hab gesungen ›Wenn man auseinandergeht‹!« Ähnlich, wie sie es bald darauf im *Blauen Engel* tat. So kurz die Szene ist, sie nimmt eindeutig die selbstbewusste, sinnlich-vulgäre Lola Lola vorweg. Marlene selber hat den kurzen Streifen nie zu sehen bekommen, aber die Nachwelt kann dieses erstaunliche Dokument im Berliner Filmmuseum am Potsdamer Platz bewundern.

Als die Direktoren der Ufa es zu sehen bekamen, waren sie immer noch nicht angetan von Marlene und bestanden weiterhin auf Lucie Mannheim. Erst als von Sternberg drohte, sich aus dem Projekt zurückzuziehen, lenkten sie ein. Die Dietrich erhielt einen Vertrag, der mit 20 000 Reichsmark (25 000 für den Fall, dass sie auch noch die englische Version bewältigen sollte) dotiert war und sich im Gegensatz zu den Honoraren von 40 000 und 75 000 Dollar, die dem Regisseur und dem Hauptdarsteller zugestanden wurden, recht bescheiden ausnahm. Trotzdem war die junge Schauspielerin überglücklich und feierte die Zusage der Ufa ausgiebig im Familien- und Freundeskreis. Bevor im November 1929 die Dreharbeiten in den Ufa-Studios in Neubabelsberg begannen, bereitete sie sich systematisch auf ihre Rolle vor, sah sich sogar im Dirnenmilieu um, um sich dort möglichst authentische Anregungen für Spiel und Kostüme zu holen. Diese Mitarbeit wusste Josef von Sternberg offenbar zu schätzen: »Er nahm Einfluss auf die Wahl meiner Kleider, ermunterte mich, weitere zu entwerfen, was ich mit großer Begeisterung tat«, schreibt Marlene. »Ich staffierte meine Kostüme mit Zylindern und Arbeitermützen aus, ersetzte den Schmuck durch Bänder, Quasten und Borten, alles, was meiner Meinung nach für ein Animiermädchen aus einer billigen Hafenkneipe erschwinglich war.« Dabei spannte der angehende Star die ganze Familie ein: »Jeden Tag

obey all his instructions and listen to advice and criticism. There were problems with her accent, which was too ladylike, and Jannings, an Oscar winner, felt he was being upstaged. In the scene where the schoolmaster tries to strangle Lola, filming had to be stopped and Marlene was left with quite severe bruise marks.

In Sinnbildern von erschütternder Einfachheit wird hier die Tragödie eines einsamen, geistig hochstehenden, liebesarmen Menschen gestaltet, eines Idealisten, der im Zusammenstoß mit der rücksichtslosen Welt zerbricht. Jede Station dieses Lebensweges ist ein Symbol. — Ein Symbol ist die alte schöne Rathausuhr, nach deren Glockenschlag das ordentliche wohlbehütete Leben des Lehrers Professor Dr. Immanuel Rath in immer gleicher Wiederkehr abrollt. Symbol ist der arme kleine Vogel im Käfig, dem seine ganze, von keinem Menschen begehrte Liebe gehört — Ein Sinnbild ist das Schulzimmer, die Luft der Jugendbildner mit aller Strenge, aber mit aller Gläubigkeit von giftigen Miasmen halten sucht. Eines Tages wird er gewahr, gogischer Wille. Um seine Schüler vor den sigen Bahn zu retten, geht er ihnen nach in den "Blauen Engel". — Wieder wird in einem Sinnbild die "andere Seite der Welt" zusammengefaßt: Fausts Studierstube — Walpurgisnacht. Die Züge des reinen Mädchens (Gretchen) und der Versucherin (Helena) sind in eine Gestalt

Frei na
Unter

Professor Im
Lola Lola
Kiepert, Zau
Guste, seine
Mazeppa
Der Clown
Der Schuldirek
Der Pedell
Angst
Lohmann
Ertzum
Goldstaub
Der Wirt
Der Kapitän
Der Polizist
Raths Wirtschafte

Eine Erich-P

engenommen. — Der bis zu diesem Augen-
s, dem fremden farbigen Zauber. Das Stück Kind
ollkommen Einsame erliegt den Lockungen des
n fühlt sich beglückt durch ein Trugbild der
ie Unwürdige zu seiner Frau. — Hier
. Er macht eine Katastrophe des Dramas. Was folgt, entspricht
Rath, Schulmann und Bürger durch und
Peripetie. wird seiner Lehrerstelle verlustig. Nun, da sein
ndament unter ihm weggezogen wird, verliert er
ch innerlich den Halt. Mit unlösbaren Banden an
ne Frau gefesselt, vergeblich sich auflehnend gegen
oild Entwürdigung, verwandelt er sich in das Zerr-
zu behüten suchte: der vordem die Heranwachsenden
vor der gröhlenden Menge. Als er in seiner Vater-
soll, dem Ort seines früheren Wirkens, auftreten
stadt, bricht der Wahnsinn aus ihm hervor, und in der
Umnachtung ahnt er zum ersten Male ganz, was ihm
widerfahren ist, was er verschuldet hat. Nur noch eine
Sehnsucht treibt ihn, sich zu reinigen, sich zu entsüh-
non. Mit versagendem Herzen schleppt er sich in die Schule, und bricht, von Gottes
Heimat zurück, in die Schu-
Barmherzigkeit erlöst, vor
der Schultafel tot zusam-
men. Noch einmal läutet
die alte Rathausuhr ihren
Choral: „Üb' immer Treu
und Redlichkeit" als sym-
bolische Mahnung durch
die stumme Stadt.

laue Engel

duktion: Erich Pommer

„Professor Unrat" von Heinrich Mann.
s Autors für den Tonfilm ugeschrieben
ckmayer und Karl Vollmöller

uch: Robert Liebmann

Josef von Sternberg

Friedrich Holländer
Rittau, Hans Schneeberger
: Fritz Thiery
o Hunte, Emil Hasler
: Sam Winston

SONEN:

EMIL JANNINGS
MARLENE DIETRICH
Kurt Gerron
Rosa Valetti
Hans Albers
Reinhold Bernt
Eduard v. Winterstein
Hans Roth
Rolf Müller
Roland Varno
Karl Balhaus
Robert Klein-Lörk
Karl Huszar-Puffy
Wilhelm Diegelmann
Gerhard Bienert
Ilse Fürstenberg

yncopators
tion im SUPER-Verleih

SUPER
film

gab sie Tami, Becky und mir Anweisungen, wo wir nach längst vergessenen Schätzen graben sollten: in Schränken, Kommoden, alten Hutschachteln, zerschlissenen Koffern und verstaubten Truhen. Bis unsere Wohnung aussah wie ein Flohmarkt …«, erinnert sich Maria Riva an die aufregenden Tage im Herbst 1929. Ohnehin verfügte Marlene über ein beträchtliches Arsenal an Kleidung und Accessoires: Manches hatte sie von ihrer Tante Vally bekommen, anderes selber gekauft oder von einer Theateraufführung mitgebracht. Nachdem schließlich das Outfit der Lola, das schon für sich allein Filmgeschichte machte, perfekt war, konnte der »Leonardo da Vinci der Kamera« mit seiner Arbeit beginnen.

Auch hier erwies sich die Dietrich als gelehrige Schülerin. »Bei den Dreharbeiten war sie wunderbar«, schreibt von Sternberg. »Ihre Aufmerksamkeit richtete sich nur auf mich. Kein Requisiteur hätte aufmerksamer sein können. Sie verhielt sich, als sei sie mein Dienstmädchen; es entging ihr nie, wenn mir ein Bleistift fehlte; sie brachte mir einen Stuhl, wenn ich mich setzen wollte …« Für Marlene wiederum war es ein grenzenloses Vergnügen »den großen Meister bei der Arbeit zu beobachten«. Sie erkannte seine Autorität an und war bereit, sich ihm völlig unterzuordnen. »Ich war immer das brave Mädchen, das den Anweisungen seines Herrn und Meisters gehorchte. Er ließ mich nie im Stich. Ich war für ihn da – und er war für mich da, jedenfalls glaubte ich das.« Diese Zusammenarbeit, bei der sich zwei große Talente vollkommen ergänzten, ist einzigartig in der Filmgeschichte. Sie sollte noch viele Früchte tragen. Allerdings mussten dafür auch Opfer gebracht werden. »Es kam eine Zeit, in der meine Mutter oft weinte und mein Vater sie im Arm hielt und ihr Mut zusprach: Alles würde zu einem guten Ende kommen. Der Berliner Jargon machte ihr am meisten zu schaffen, obwohl sie ihn perfekt beherrschte. Das eigentlich Problem für die ›Tochter aus gutem Hause‹, wie sie sich gern bezeichnete, lag darin, das auf der Szene und vor von Sternberg zugeben zu müssen … ›Immerzu sagt mir von Sternberg, ich kann nicht die ›feine Dame‹ spielen. Dauernd schreit er mich an! ›Sie sind eine Schlampe! Haben Sie das verstanden, meine verehrte Weimarer Mädchenpensionatsabsolventin?‹«, zitiert Maria Riva ihre Mutter.

Bild Seite 52/53: Ihre Rolle im *Blauen Engel* an der Seite von Emil Jannings brachte Marlene 1930 auch international den großen Durchbruch.
Her rôle in The Blue Angel (1930) opposite Emil Jannings
was Marlene's international breakthrough.

54

Marlene beklagte sich, dass von Sternberg unerbittlich an ihrem Akzent herumfeile, sie immer wieder die selben Szenen spielen ließ, bis er endlich zufrieden war. Auch die Zusammenarbeit mit Jannings war nicht einfach. Der Oscar-Preisträger bemerkte schon bald, dass die kesse, seiner Meinung nach untalentierte Lola ihn zunehmend an die Wand spielte – im Film wie im richtigen Leben. In seiner Eitelkeit gekränkt versuchte er, sich zu rächen. In der Szene, in der der gedemütigte Professor die fesche Lola würgt, soll er tatsächlich so hart zur Sache gegangen sein, dass die Dreharbeiten abgebrochen werden mussten und Marlene noch lange blaue Flecken davon zurückbehielt. Trotzdem zeigt schon ein Blick in das Filmprogramm, dass der *Blaue Engel* vor allem ein Marlene-Dietrich-Film geworden ist.

Posen, Stimme und andere Markenzeichen

Dass es ihr gelang, den erfahrenen Schauspieler zu übertrumpfen, hängt nicht nur mit Sternbergs Regie und seiner perfekten Ausleuchtung zusammen. Der Part der feschen Lola war ihr einfach auf den Leib geschrieben: Es war die erste Rolle, »in der sie spielte, was sie war – eine singende Bühnendarstellerin, die Stimme und Körper einzusetzen wusste, um zu verlocken, zu provozieren, zu verführen und zu erregen«, konstatiert Steven Bach. Erstmalig konnte sie auf der Leinwand mit ihrer Stimme arbeiten, die danach wesentliches Element ihrer Performance – ein weiteres Markenzeichen – wurde. Diesen Umstand hatte sie dem Tonfilm zu verdanken. Ohne ihn hätte sie es nie zu dem Leinwandstar gebracht, der sie nun wurde. Erst durch die moderne Filmtechnik konnte sie das, was sie erfolgreich auf der Bühne erprobt hatte, auch vor der Kamera wirkungsvoll einsetzen.

Großen Anteil am Erfolg des *Blauen Engels* hatte natürlich die Musik von Friedrich Hollaender. Seine Songs »Ich bin die fesche Lola« und »Kinder, heut' Abend such' ich mir was aus«, zu denen er die Musik und zusammen mit

The pose, the voice and other trademarks
The part of Lola was made for Marlene, a singer and actress who knew how to use her voice and her body to excite. Without the advent of sound she would never have been able to convey her stage abilities on screen. Of course Friedrich Hollaender's brilliant songs played a large part in the film's success and the poses which Marlene adopted, sitting astride a chair and leaning on her elbows also remained unforgettable.

Robert Liebmann auch die Texte geschrieben hat, machen den besonderen Reiz des Films aus. Vor allem mit seinem Song »Ich bin von Kopf bis Fuß auf Liebe eingestellt« ist es ihm gelungen, das Lebensgefühl der Lola Lola auf den musikalischen Punkt zu bringen. Zwar schämte sich Marlene zunächst beim Singen: »… das andere Lied, von dem alle so schwärmen, ist schrecklich, irgendwas von Männern, die mich umschwirren wie Motten das Licht und ich kann halt Liebe nur und sonst gar nichts … Gott sei Dank, wenn *Der Blaue Engel* erst einmal abgedreht ist, muss ich das nie mehr singen!«, soll sie sich ihrer Tochter zufolge beklagt haben. Aber der Song ist ein unvergänglicher Hit geworden. Ähnlich wie die Posen, die sie beim Singen einnimmt: Wie sie rittlings mit Strapsen auf dem Stuhl sitzt und die Ellenbogen auf die Lehne stützt oder wie sie sich mit gekreuzten Beinen auf der Tonne räkelt – das wurde von unzähligen Frauen und Männern imitiert und später als »offizielles Markenzeichen« der Dietrich sogar gesetzlich geschützt.

Die Zusammenarbeit zwischen Regisseur und Hauptdarstellerin war nach den Dreharbeiten nicht beendet. Aus Neubabelsberg zurückgekehrt, setzten sie die Besprechungen in Marlenes Wohnung in der Kaiserallee 54 im Kreis der Familie fort. Maria hielt sich in dieser Zeit tagsüber bei ihrer Großmutter Josephine von Losch auf, die einige Häuser weiter in der Kaiserallee 135 wohnte. Sie bekam ihre Mutter immer erst abends zu Gesicht und erinnert sich, dass es zu jener Zeit kein anderes Gesprächsthema gab als den Film und dass »ein stämmiger kleiner Mann mit einem großen, nach unten gezogenen Schnurrbart und den traurigsten Augen, die ich je gesehen hatte« zu Besuch kam. »Abgesehen von seinem langen Kamelhaarmantel, den Gamaschen und dem eleganten Spazierstock, sah er überhaupt nicht bedeutend aus. Aber seine Stimme, die war wunderbar, weich und tief, wie Samt und Seide. Er sprach ein fehlerfreies Deutsch mit einem österreichischen Akzent«. In dieser Zeit ihrer Beziehung habe sich ihre Mutter verhalten, als sei von Sternberg ein Gott, meint die Riva. »Wenn sie seinen Mantel in die Garderobe hängte, streichelte sie den Stoff, als besäße er Zauberkräfte. Sie kochte nur Speisen,

Marlene's relationship with von Sternberg continued after filming was finished and mutual admiration soon turned into a love affair. Marlene felt she had found a sculptor to mould her and von Sternberg adored his creation as a father loves his child. Before he left for Hollywood he informed the head of Paramount that he had found a star to equal Metro Goldwyn Mayer's Garbo and in January 1930 Marlene received a telegram offering her a seven-year contract. At first she refused, unwilling to leave her

von denen sie wusste, dass er sie mochte, und tat ihm noch vor meinem Vater auf, der damit völlig einverstanden zu sein schien.«

Während die fesche Lola ganz auf Liebe eingestellt war, war Marlene ganz auf von Sternberg und von Sternberg ganz auf Marlene eingestellt. Die gegenseitige Bewunderung der beiden mündete unvermeidlich in eine Freundschaft und Liebesbeziehung ein. Die beruhte, was Marlene betrifft, sicher weniger auf der äußeren Attraktivität von Sternbergs, sondern auf der Tatsache, dass sie in ihm denjenigen gefunden hatte, der sie modellierte wie ein Bildhauer den rohen Stein. Sie spürte die Liebe, die er ihr hinter der Kamera – und bald auch ohne Kamera – entgegenbrachte. Sie war ihm gegenüber demütig und dankbar wie unzählige ihrer Äußerungen bezeugen: »In Wirklichkeit war ich nie ganz sicher, bis von Sternberg sich um mich bemühte. Ich war ein schlecht informiertes Mädchen – nicht einmal der Aufgabe bewusst oder gar gewachsen, die man mir stellte; als Schauspielerin war ich eine Null, nur durch seine geheimnisvollen Methoden wurde ich zum Leben erweckt. Ich war nichts als ein gefügiges Werkzeug, eine Farbe auf der reichen Palette seiner Ideen und Bilder«, schreibt sie zum Beispiel im Geleitwort zu Josef von Sternbergs Autobiografie.

Auf der anderen Seite war auch von Sternberg dankbar für das Modell, das er formen konnte und liebte sein Geschöpf wie ein Vater sein Kind. Wobei er sich seiner Bedeutung vollkommen bewusst war: »Marlene, das bin ich«, sagte er später über die Entstehung des Mythos.

Als die Dreharbeiten Ende Januar abgeschlossen waren, konnte Josef von Sternberg den Film nicht mehr zu Ende schneiden – diese Aufgabe musste Sam Winston übernehmen. Berufliche Verpflichtungen riefen den Regisseur, nachdem sein Vertrag mit der Ufa abgelaufen war, nach Hollywood zurück. Doch bevor er Berlin verließ, hatte er den Chef der Paramount, B. P. Schulberg, auf das Talent der Dietrich hingewiesen. Sie hätte das Zeug zu einem Star wie Greta Garbo einer war, die bereits seit mehreren Jahren für die Konkurrenzfirma Metro Goldwyn Mayer (MGM) arbeitete. So erhielt

daughter and worried that she might have to make another film for the UFA studios. However, the UFA directors were convinced that the *Blue Angel* would be a flop and having renegotiated the contract Rudi persuaded her to go to America. *The Blue Angel* was given its premiere in the Gloria-Palast cinema on the evening Marlene left Berlin. She took a bow in an elegant evening dress and was greeted with thunderous applause – an auspicious start to a journey into the stratosphere of fame.

Marlene am 29. Januar 1930 ein Telegramm, in dem die Paramount ihr einen Sieben-Jahres-Vertrag mit einem Anfangsgehalt von 500 Dollar pro Woche anbot. Zunächst reagierte sie ablehnend. »Woher weiß ich, was mich dort erwartet?« fragte sie ihren Mann. »Ein Land, das einen Hund zum Filmstar macht, kann man nicht ernst nehmen. Und was ist mit dem Kind? Das Kind etwa über den ganzen Ozean schleppen?« Die Bedenken waren allzu verständlich. Außerdem gab es noch ein anderes Problem: die Verpflichtung, weiter für die Ufa zu arbeiten, falls die ihre Option für einen weiteren Film wahrnehmen würde.

Das allerdings wollten die Direktoren erst entscheiden, wenn sie die Produktion gesehen hätten. Als ihnen im Februar 1930 das vorläufige Ergebnis präsentiert wurde, waren sie entsetzt. Sie fürchteten, der *Blaue Engel*, der den Professor derart lächerlich macht, würde beim Publikum durchfallen. Für Marlenes schauspielerische Leistung hatten sie überhaupt keinen Blick. Im Gegenteil, ihre provozierende Frivolität erschien ihnen höchstens als besonders heikel. Sie sorgten sich ausschließlich um die investierten Summen und nicht um die Option auf einen weiteren Film mit der Dietrich. Damit war ein Hindernis auf deren Weg nach Hollywood ausgeräumt. Nun lag es nur noch an Rudi, seine Frau davon zu überzeugen, dass sie die große Chance nicht ungenutzt verstreichen lassen durfte.

Inzwischen hatte man auch einen neuen Vertrag ausgehandelt, den Marlene noch im Februar unterschrieb: Sie verpflichtete sich zunächst für die Mitwirkung an zwei Filmen, für die sie eine Gage von 1750 Dollar pro Woche erhalten sollte. Als *Der Blaue Engel* im Gloria-Palast nahe der Gedächtniskirche uraufgeführt wurde, hatte sie ihre Koffer bereits gepackt und sich von ihrer Tochter Maria verabschiedet. Noch am selben Abend wollte sie mit dem Zug nach Bremerhaven fahren und sich dort auf der »Bremen« Richtung New York einschiffen. Doch bevor sie zum Bahnhof Zoo eilte, hatte sie noch einen letzten Auftritt in dem nahegelegenen Premierenkino: »Man überredete sie, sich nach der Vorführung auf der Bühne zu verneigen«, schreibt Josef von Sternberg über den Abend, den er selber nicht miterleben konnte. »Sie glaubte, der Film würde für sie das Ende und die Vergessenheit bedeuten. Es ist erfreulich festzuhalten, dass sie nicht erschien, als müsse sie möglicherweise unauffällig durch den Hinterausgang verschwinden und zum wartenden Zug eilen, sondern in einer eleganten und glanzvollen Robe, wie es einem Star entsprach. Sie wurde mit donnerndem Beifall bedacht. Der Start der Reise in die Stratosphäre des Ruhms war gut gewählt ...«

Die Dietrich nimmt am 31. März 1930 am Bahnhof Zoo Abschied von Berlin.
Das Reiseziel heißt Hollywood.

Dietrich saying farewell to Berlin at the Zoo station on 31st March 1930.
Her destination was Hollywood

An der Seite von Gary Cooper unter der Regie von Josef von Sternberg in *Morocco* (1930).
With Gary Cooper's in Morocco *directed by Josef von Sternberg.*

Die große Abwesende

»Plötzlich wird es ernst. Die Trennung von Berlin wird mir nicht leicht. Erstens, weil ich hier zu Hause bin, zweitens, weil eben Berlin Berlin ist. Warum soll ich es nicht sagen: Ich fürchte mich ein wenig vor Hollywood ...«

Geburt des Mythos

Über eine Woche dauerte die Überfahrt auf dem Ozeanriesen »Bremen«, der sie in die Neue Welt hinüberbrachte. Während sie an Bord erste Bekanntschaften machte, wurden zwischen ihr, Rudolf Sieber und Josef von Sternberg immer wieder Telegramme ausgetauscht. Aus Berlin erfuhr sie, wie gut der *Blaue Engel* aufgenommen wurde, wie erfolgreich vor allem sie selber bei Presse und Publikum war. Aus Amerika erreichten sie ebenfalls Glückwünsche und erste Informationen über das nächste Projekt. Hin- und hergerissen zwischen Heimweh und Lust auf neue Herausforderungen, neue Eindrücke und die weitere Zusammenarbeit mit ihrem »*Svengali*«, wie sie von Sternberg nannte, wartete sie auf die Ankunft in New York.

In Anlehnung an den 1927 mit Paul Wegener in der Hauptrolle gedrehten Film *Svengali* gab sich die Dietrich selber den Spitznamen »Trilby« und hatte damit zugleich ein treffendes Gleichnis für die Beziehung der beiden gefunden: Der Film erzählt, basierend auf einer Novelle von George du Maurier, die Geschichte eines genialen Musikers (Svengali) mit hypnotischen Kräften, der aus einem nicht sehr talentierten Mädchen (Trilby) eine berühmte Sän-

The Long Absence
The Birth of a Legend
Marlene spent a week on board the liner "Bremen" en route to New York, excited about Hollywood but at the same time convinced that she would return to Berlin. News of *The Blue Angel*'s success reached her by telegram both from Sieber in Berlin and from her new American employers. Paramount studios had great plans for Marlene and insisted that she left the

gerin und ein ihm willfähriges Geschöpf macht. Noch war sie allerdings überzeugt, dass sie den Hypnosekräften von Sternbergs und dem Zauber Hollywoods nicht erliegen, der Aufenthalt in den USA nur eine begrenzte Zeit dauern würde: »Und wenn es noch tausendmal schöner wird als ich es mir vorstellen kann, wenn alle Wunder in Erfüllung gehen, die mir die ›Schondrübengewesenen‹ erzählen, und die mir jetzt prophetisch sagen: ›Du kommst nicht wieder‹: Ich komme wieder.«

Bevor allerdings die »Bremen« am 9. April 1930 in den Hafen einlief, bekam sie zu spüren, dass von nun an nichts mehr so sein sollte, wie es vorher war. Nicht nur die Umgebung würde sich für sie verändern. Auch sie selbst würde jetzt eine andere werden. Sie war von nun an kein beliebiges Individuum mehr, das tun und lassen konnte, was es wollte. Sie war eine Mitarbeiterin der Paramount, ein Mitglied des Star-Systems und das verpflichtete zu einem ganz bestimmten Verhalten und Aussehen. Ursprünglich wollte Marlene das Schiff in einem schlichten grauen Kostüm verlassen. Aber das ließ der Vertreter der Paramount, der sie abholen sollte, nicht zu und forderte sie auf, sich eleganter zu kleiden. So ging sie im langen schwarzen Kleid und Nerzmantel von Bord. Nicht als unscheinbare deutsche Schauspielerin betrat sie amerikanischen Boden, sondern als exotischer, glamouröser Hollywoodstar, der sich anschickte, die Welt zu erobern. Die glänzenden Kritiken über ihre Lola, der Ruhm, den sie in Berlin mit dem *Blauen Engel* erntete, war ihr bereits vorausgeeilt. Nun musste sie nur noch die Berliner Göre, die kesse junge Frau mit dem Jargon von der Spree ein für alle Mal hinter sich lassen, um sich ihren Platz im amerikanischen Filmbusiness einzunehmen.

Die Traumfabriken von Hollywood waren in den zwanziger Jahren stark expandiert und eroberten mit ihren Filmen nach und nach den Weltmarkt. Erfolgreiche Genres waren unter anderem Melodramen mit Stars wie Gloria Swanson, Lubitschs Gesellschaftskomödien und die Filme der großen Komiker. Neben Charles Chaplin gehörten Buster Keaton ebenso wie das Dick-und-Doof-Duo Stan Laurel und Oliver Hardy zu den beliebtesten Leinwand-

ship wearing a long black dress and fur coat in keeping with her new glamorous Hollywood image.
During the Twenties the Hollywood dream factories expanded to conquer the world film market. With the advent of sound they had consolidated into five large studios, MGM, RKO, Centfox, Warner and Paramount and the two smaller ones, Columbia and Universal. Each studio tended to specialise in one genre; Paramount produced mainly light entertainment

gestalten. Aber die Filme dieser Zeit zeigten auch weniger amüsante Bilder. Josef von Sternberg selber hatte 1927 mit *Underworld* das Gangstermilieu und in *The Docks of New York* das düstere Hafenambiente der Metropole eingefangen. Realistisch und unheimlich waren auch King Vidors *The Crowd*, der vom Scheitern eines Menschen in der modernen Gesellschaft erzählt und vor allem die Streifen Erich von Stroheims. Sie handeln von Intrigen und Gewalt – Aspekten, die die Filmwerke des folgenden Jahrzehnts noch eindringlicher schildern sollten. Gegen Ende der zwanziger Jahre hatte sich nicht nur der Tonfilm mit einem neuen Genre, dem Musical, durchgesetzt, in dieser Zeit hatten sich auch die Produktionsgesellschaften konsolidiert, die von nun an den amerikanischen Markt beherrschten. Dabei hatten sich die Studios – es gab fünf größere wie Metro-Goldwyn-Mayer (MGM), RKO (Radio-Keith-Orpheum Corporation), 20th-Century-Fox, Warner, Paramount – und zwei kleinere – Columbia und Universal – mehr oder weniger auf bestimmte Genres spezialisiert. Während die Paramount Pictures eher leichte Unterhaltung produzierte, war MGM für großangelegte Melodramen zuständig und konnte dabei mit »more stars than there are in heaven« (»mehr Sterne als am Himmelszelt«) aufwarten. Besonderen Erfolg hatte MGM mit der Schwedin Greta Garbo, die bereits 1925 von Berlin nach Hollywood gekommen war. Die Paramount, die während dieser Jahre neidisch auf den Konkurrenten MGM schielte, wollte nun eine vergleichbare Marke aufbauen – und versuchte es auf von Sternbergs Anraten mit der Dietrich.

Um einen Star aufzubauen, reicht es bei weitem nicht aus, eine schöne, schauspielerisch begabte Frau in guten Filmen spielen zu lassen. Entscheidend für die Vermarktung eines Darstellers ist sein Image, zu dem ganz bestimmte Merkmale gehören – wie die Zeichen einer Marke. Schon vor längerer Zeit hatten die Produktionsgesellschaften von Hollywood damit begonnen, das marktwirtschaftliche Denken anderer Industriebranchen auf die künstlerische und künstliche Welt des Films zu übertragen. Werbung fürs Kino hat es zwar auch schon in Deutschland, im Berlin der zwanziger Jahre gegeben –

but wanted to move into melodrama and had to find a star to compete with MGM's Greta Garbo. Von Sternberg had introduced Dietrich and now "sold" her to the American public like a brand name. He supervised all her photo sessions, accompanied her to receptions and arranged a $10,000 advance. The top hat, tails and trousers she wore in *Paramount on Parade* became part of the Dietrich Look and in all seven films they made together she played a seductress who had a mysterious power over men.

Marlene Dietrich führt morgens um vier Uhr von Hollywood aus ein transatlantisches Telefongespräch mit ihrer Tochter Maria in Berlin. Fotos von Erich Salomon (1930).
Marlene making a transatlantic call from Hollywood at 4 o'clock in the morning to her daughter Maria in Berlin. Photos by Erich Salomon (1930).

Marlene selber sammelte die Postkarten von Henny Porten, die den Star »verkaufen« halfen –, aber die Studios von Hollywood haben diese Methoden perfektioniert.

So machte ein Fotograf der Paramount gleich nach Marlenes Ankunft in New York Fotos der angehenden Filmlegende, um die neue Marke der Öffentlichkeit zu präsentieren. Von Sternberg reagierte darauf allerdings erbost. Nicht dass Fotos seines Stars verbreitet werden sollten, entrüstete ihn. Vielmehr ging es ihm darum, *welche* Fotos verbreitet werden sollten. Auf diese Entscheidung wollte er unbedingt Einfluss nehmen, sie war Teil seiner Arbeit.

64

Er hatte ein festes Bild der Dietrich im Kopf, und nur das sollte den Amerikanern präsentiert werden. Von nun an kamen Fotos nur noch durch seine Mitwirkung zustande oder mussten zumindest von ihm genehmigt werden. Einige Exemplare schickte Marlene stolz an ihre Familie in Deutschland. An »große, schöne Fotos, die für etwas gebraucht wurden, das sich Publicity nennt«, erinnert sich Maria Riva: »Sie kamen an in großen, grauen, kartonverstärkten Umschlägen mit dem Signet der Paramount. Selbst für meine Kinderaugen ging von den Fotos etwas Strahlendes aus wie von einer Madonna, etwas Unwirkliches. Es ist ein merkwürdiges Gefühl, in ein Gesicht zu blicken, von dem man weiß, dass es der Mutter gehört, und das doch plötzlich das Abbild einer Gottheit geworden ist!«

Um zu verhindern, dass etwas schief ging, kontrollierte Josef von Sternberg nicht nur alle Fotos, die von ihr veröffentlicht wurden. Er reiste ihr

eigens nach New Mexico entgegen. Dann fuhren sie gemeinsam weiter und stiegen bereits in Pasadena aus, um den Reportern aus Los Angeles zu entgehen. Anschließend wurde ihr Empfang in Beverly Hills gekonnt inszeniert: Üppige Blumensträuße, eine Villa, ein grüner Rolls-Royce und zwei Dienstmädchen erwarteten sie. Außerdem soll der Regisseur ein Konto mit einem Vorschuss von 10 000 Dollar für sie eingerichtet haben, von denen sie gleich 1 000 an ihre Familie in Berlin schickte.

Schon die erste Tätigkeit für die Paramount markiert den Unterschied zwischen Marlene und Stars wie der Garbo. Bevor mit den Dreharbeiten zu *Morocco* begonnen wurde, trat sie im Streifen *Paramount on Parade*, einem Kurzfilm, der als Werbematerial für den Filmmarkt bestimmt war, in Frack und Zylinder auf. Eigentlich wollte von Sternberg nur beweisen, dass die Dietrich auch dann die Zuschauer in ihren Bann ziehen kann, wenn sie nicht ihre Beine zeigt. Aber er schlug gleich zwei Fliegen mit einer Klappe: Davon abgesehen, dass sie auch in Hosen grandios aussah, nahmen viele Amerikaner Anstoß an diesem Erscheinungsbild. So erregte Marlene Aufsehen und wurde dadurch sofort mit einem bestimmten Aussehen identifiziert. Nachdem es von Sternberg in *Morocco* wieder aufnahm, wurde es nicht nur zum unverwechselbaren Markenzeichen der Dietrich, sondern darüber hinaus zur Mode, die bald viele Amerikanerinnen kopierten.

Mit solchen Inszenierungen arbeitete der Regisseur immer wieder an dem entstehenden Mythos. Er tat dies mit solcher Perfektion und Konsequenz, dass einige der Ansicht sind, er sei von nun an nur noch der Zeremonienmeister der Dietrich gewesen. Denn die sechs Filme, die er mit ihr nun drehte, waren vor allem auf die Protagonistin zugeschnitten. Jedes Mal steht eine verführerische Frau im Mittelpunkt, die den Männern, die sie umschwirren, auf geheimnisvolle Art überlegen ist.

Durch die Art, wie sie inszeniert wurde, bekam sie so etwas wie Kultcharakter. Dazu musste sie selber einiges beitragen. Sie hatte Diät zu halten, machte Gymnastik, nahm Englischunterricht und unterzog sich einem konse-

Marlene was required to diet, exercise and take English lessons. Her image included high eyebrows and long lashes. Von Sternberg apparently made her have her back teeth extracted to make her face seem thinner and her cheekbones higher and as her English wasn't very good, he made sure she only played foreigners. In *Morocco*, she plays a bored, French speaking night-club singer who falls in love with a Foreign Legionnaire (Gary Cooper) and follows him into the Sahara desert (in reality, the Californian

sind, einfach nicht anders geben können. Greta Garbo stellt diesen Outsidertyp immer wieder dar. Diese Frau nun, mit all ihren Hemmungen, weiß, daß sie sich Millionen von Menschen zeigt, die verteilt sind über die ganze Erde. Sie spielt mit all ihrer unvergleichlicher Einfachheit und Selbstverständlichkeit. Aber wieviel Anstrengung und harte Arbeit, welch qualvolle Überwindung der Scheu liegen zwischen dem ersten Auftreten in der Öffentlichkeit und ihrem heutigen Ruhm. Ihre Schüchternheit kommt ihr im Film wohl zustatten. Gerade damit gibt sie ihrem

Charakteristische Aufnahmen der beiden Stars in ihrem Privatleben

Spiel diese besondere Note und seine Natürlichkeit, damit erringt sie wieder und wieder diesen unerhörten Erfolg. Die Schönheit dieser Schauspielerin kommt aus dem Innern. Ihre unregelmäßigen Gesichtszüge, ihre schmale Oberlippe und etwas volle Unterlippe, die hervortretenden Backenknochen, die verschieden liegenden Augen, alles strahlt innere Schönheit aus. Durch den Wechsel ihrer Stimmungen bekommt das Gesicht immer wieder einen neuen Ausdruck. Es ist kaum eine ihrer Aufnahmen der anderen gleich. Ein ständiges Sichverändern. Mit dieser Wandlungsfähigkeit wirkt sie verführerisch, bösartig, um im nächsten Augenblick anbetungswürdig und engelhaft zu sein.

Marlene Dietrich andererseits ist ganz ohne Stimmungen. Sie hat

sich vollkommen in der Gewalt. Sie ist Augenblicksmensch, unkompliziert, viel leichter, ohne dabei oberflächlich zu sein. Sie hat starkes Einstellungsvermögen. Im eigenen Heim gibt sie sich anders als in der Gesellschaft oder in ihrem Beruf. Sie stellt ihre Gefühle immer auf die Menschen ein, mit denen sie gerade zusammen ist. Ungefähr so kann man die Dietrich charakterisieren. Das gibt auch die Erklärung für ihre Vielseitigkeit. Einmal die Rolle der deutschen Mutter und Frau zu spielen, mit der ganzen Kunst einer Schauspielerin; ein andermal kann sie vor die Kamera hintreten mit unglaublicher Nonchalance und Frechheit in Gebärde und Bewegung! Dann liegt in ihrer Stimme etwas Herausforderndes, etwas von

verhaltener Leidenschaft. Sie ist klug genug, nur weniges von der Garbo anzunehmen. Sie hat mit ihr nur die Vielseitigkeit gemeinsam, die sich bei ihr aber ganz auf das Äußerliche beschränkt. Die Garbo kann sich nicht so aufreizend bewegen wie die Dietrich. Sie verfügt über andere geheimnisvollere Mittel. Ihre Dämonie ist komplizierter, nicht so offensichtlich. Sie ist nicht so elementar, eine leise Veränderung in der Stimme, im Ausdruck der Augen und Lippen, irgendeine Bewegung des Kopfes und der Hände, alles ist um eine Nuance kultivierter, rätselhafter.

Marlene ist Schauspielerin auf ihre eigene Weise. Ihr Weg zum weiteren Erfolg ist eine ständige Entwicklung ihrer Persönlichkeit. Das ist auch das Geheimnis der Garbo. Sie wird immer mehr sie selbst.

Zum Schluß muß noch von einem anderen Unterschied zwischen den beiden

»Das Magazin« widmete Marlene und ihrer Konkurrentin Greta Garbo im Novemberheft 1931 einen mehrseitigen Beitrag.

"Das Magazin" devoted several pages to Marlene and her rival, Greta Garbo in their November 1931 issue.

quenten Styling. Zu dem Aussehen, das für Marlene nun charakteristisch wurde, gehörten die hohen Augenbrauen, die zeitweise fast an Mickey-Mouse erinnerten, die verlängerten Wimpern, die durch Make-up vergrößerten Augen. Angeblich soll ihr von Sternberg auch geraten haben, sich ihre hinteren Backenzähne ziehen zu lassen, um das Gesicht dadurch schmaler erscheinen zu lassen. Letztlich war dies aber bloß ein Effekt seiner genialen Kameraführung und Ausleuchtung. »Marlenes Backenknochen wirkten höher, als ihr Gesicht schmaler wurde, ›skulptiert‹ durch die Beleuchtung, die Sternberg verwendete und die stark an die bewusste Berliner Fotoautomatenkabine erinnerte.

Die entscheidende Lichtquelle kam von oben, wodurch die Backenknochen betont wurden, die Wangen hohler wirkten und die Augen mit den schweren Lidern im Schatten lagen. Außerdem entstand so ein ›Heiligenschein‹, der das rotblonde Haar aufhellte«, beschreibt Steven Bach von Sternbergs Beleuchtungstechnik.

Auch vermeintliche Schwächen wurden so in Stärken verwandelt. Die Tatsache, dass Marlene Ausländerin war und ihr Englisch zum Teil noch die deutsche Herkunft verriet, setzte er bei entsprechenden Rollen bewusst als Stilmittel ein: Mal lässt er sie eine Deutsche, mal eine Österreicherin spielen, mal ist sie eine Spanierin aus der Zeit von »Carmen« und ein anderes Mal einfach nur eine Französisch sprechende Fremde.

So etwa beim ersten gemeinsam mit Marlene gedrehten Hollywoodfilm, *Morocco (Marokko – Herzen in Flammen.)* Darin verkörpert die Dietrich die heimatlose, gelangweilte Nachtclubsängerin Amy Jolly, die mit dem Schiff nach Marokko kommt. Während der Reise ist sie vom reichen Mister Kennington (Adolphe Menjou) umgeben, der sie zu seiner Assistentin machen möchte. Sie lehnt sein Angebot aber ab und tritt stattdessen in einer Hafenkneipe auf, wo sie beim Publikum sehr beliebt ist. Einer ihrer Zuschauer ist der Fremdenlegionär Tom Brown (Gary Cooper), der ebenso illusionslos lebt wie sie. Die beiden verlieben sich ineinander. Noch einmal taucht ihr Verehrer Kennington auf, der ihr einen Heiratsantrag macht. Doch sie beschließt, mit Tom zu fliehen. Als der seine Meinung ändert und bei der Fremdenlegion bleibt, folgt sie ihm in die Wüste und damit ihrer »letzten Illusion«. Die Idee zu dem Film soll die Dietrich selbst geliefert haben, indem sie Josef von Sternberg bei seiner Abreise aus Deutschland den Roman »Amy Jolly« von Benno Vigny mit auf den Weg gab. Allerdings schwebte er ihr keineswegs als Vorlage für ein Drehbuch vor. Als ihr von Sternberg von seinen Filmplänen erzählte, kommentierte sie das Sujet mit »schwache Limonade«. »Ihr Urteil stimmte, soweit es das Thema betraf«, gibt Josef von Sternberg in seinen Memoiren zu, »denn sie konnte natürlich nicht wissen, aus welchem Grund ich mich dafür ent-

sand dunes). She doesn't have much to say but creates an erotic image with her French songs and trousers and in one scene kisses a woman on the lips. When the film was released in November 1930 it broke all box-office records and the legend of Marlene Dietrich – spectacularly created by Josef von Sternberg – was born.
The photography and direction of the films Marlene made with von Sternberg and Paramount enhanced her cult status further, although the plots

schieden hatte. Ich wollte bewusst ein visuelles Thema und nichts, was mit einer Kaskade von Worten verbunden war … mir schauerte bei dem Gedanken an die Laute, die aus dem Mund meiner Aphrodite kommen würden, wenn es soweit war, den tödlichen Kampf mit einer fremden Sprache aufzunehmen. Sie sprach tadellos Deutsch und Französisch, aber damals nur sehr wenig Englisch, und ohne sehr behutsame Regie war das nicht mit dem Zauber ihrer Erscheinung in Einklang zu bringen.« In *Morocco* lässt er sie nur wenig sagen, dabei vor allem mit einem französischen Lied glänzen und ansonsten sprechen die Bilder für sich: die Sahara, die in Wirklichkeit aus kalifornischen Sanddünen bestand, die marokkanische Hafenkneipe, das in Nebel gehüllte Schiffsdeck und vor allem die mysteriöse, wunderschöne Frau. Anstelle der drallen, lebenslustigen Lola, die ihre Reize freigebig zur Schau stellt, ist die Sinnlichkeit der Amy Jolly mehr zu ahnen als zu sehen. Ihre Erotik ist wesentlich raffinierter. Nicht allein, dass sie Hosen trägt und mit diesem Symbol der Männlichkeit spielt. In einer Szene küsst sie auch eine Frau auf den Mund und deutet damit ihre lesbischen Neigungen an. Das widersprach vollkommen dem gängigen Hollywoodklischee von der begehrenswerten Frau.

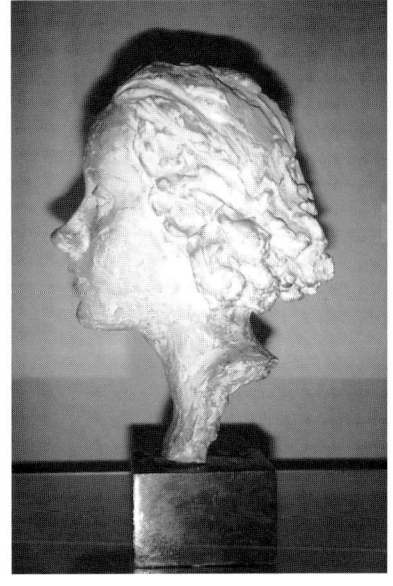

Portrait-Büste der Marlene Dietrich von Ernesto de Fiori. Heute im Bestand des Heimatmuseums Schöneberg. *Bust of Marlene Dietrich by Ernesto de Fiori, currently owned by Schöneberg's Museum of local History.*

»*Morocco* wirkt heute wie hochromantischer Kitsch, aber die Struktur des Films war für die damalige Zeit ebenso kühn wie sein Schluss«, ist Steven Bach überzeugt. »Das erste Viertel des Streifens dient ausschließlich dazu, einen Star aufzubauen. Das Milieu, die Atmosphäre und die anderen Charaktere werden entwickelt, aber in der ersten halben Stunde des 97-minütigen

were often rather thin and the format was always the same. Although Marlene was deeply grateful to von Sternberg for all he had done for her she now took other lovers and despite her extravagant life-style she began to miss her family in Berlin. The Directors of Paramount wanted her to stay in Hollywood and she signed a further contract for more money before returning to Berlin in 1930 after an absence of six months. Six- year old Maria hardly recognised her elegant, self-confident mother who

Films wird lediglich die Aura des Stars geschaffen. Sternbergs ›Einführung‹ von Marlene Dietrich ist die vielleicht eindrucksvollste in der gesamten Filmgeschichte.« »Er hat mich geschaffen«, hat Marlene selber darüber später geschrieben. »Das Auge hinter der Kamera, jenes Auge, das das Geschöpf liebt, dessen Bild auf dem Film festgehalten wird, ist Schöpfer der wundervollen Wirkung, die von diesem Wesen ausgeht und die Lob und Begeisterung bei Zuschauern auf der ganzen Welt hervorruft.«

Nachdem der Film im Sommer 1930 gedreht wurde und im November in die Kinos kam, überboten sich die Kritiker mit Lobeshymnen und das Publi-

seemed to have changed from a "queen into a king". For the Berliners she was no longer the "Girl from the Kurfürstendamm" but an international film star.

70

Filmprogramm zu *Der Garten Allahs* von 1936. Für diesen Film soll sie damals
eine sagenhafte Gage von 200 000 Dollar erhalten haben.
Programme for The Garden of Allah *(1936) for which Marlene was supposed
to have received the incredible sum of $ 200 000.*

kum rannte in die Kinosäle, um mit eigenen Augen den Film zu sehen, der alle Kassenrekorde brach. Nach einem halben Jahr in Amerika war die Dietrich
ein Weltstar, der Mythos war geboren.

Von diesem Mythos, von der Legende der Dietrich sollte sie ein Leben
lang zehren. Aber zunächst musste die tägliche Arbeit verrichtet werden. Es
sollte nicht einfach sein, an den Erfolg von *Morocco* anzuknüpfen. Die sechs
Filme, die Marlene mit von Sternberg bei der Paramount drehte, sind allesamt
Meisterwerke, was die Fotografie, die Regie und Inszenierung des Stars
angeht.

Doch ihre Inhalte sind durchwachsen, zum Teil sogar dürftig und wiederholen immer das gleiche Schema: Ob sie in *Morocco* und *Shanghai Express* (1931) die mysteriöse Ausländerin ist, in *Dishonored (X 27, Entehrt)* eine österreichische Spionin, eine deutsche Preußenprinzessin in *The Scarlet Empress (Die scharlachrote Kaiserin*, 1934) die *Blonde Venus* (1932) oder die spanische Tänzerin aus *The Devil is a Woman (Der Teufel ist eine Frau*, 1935) — jedesmal umweht sie der Hauch des Fremden, Exotischen, der sie zusammen mit Kostümen und entsprechendem Aussehen unnahbar erscheinen ließ. Das gab ihr ein bestimmtes Image, machte ihre Filme allerdings nicht immer gleichermaßen beliebt. Weder die *Blonde Venus*, in der Marlene einerseits biedere Hausfrau und Mutter, andererseits verführerische Varietésängerin ist, noch *The Devil is a Woman* trafen zum Beispiel den damaligen Zeitgeschmack. Obwohl letzterer ihrer Meinung nach der beste Film war, den sie je gemacht hat und bei den Dietrich-Fans Kultstatus genießt, lehnten die Zuschauer ihn ab. Auch *Dishonored*, dem Film, den sie im Anschluss an *Morocco* machte, ging es nicht besser. Aber davon wusste sie während der Dreharbeiten noch nichts. Am Set machten ihr zunächst nur die harte Arbeit und die zunehmenden Spannungen mit Josef von Sternberg zu schaffen.

Einerseits bewunderte Marlene ihren Meister, der aus ihr alles herausholte, was sie zu geben imstande war und war ihm dankbar für seine Mühe. Andererseits begab sich die selbstbewusste 30-jährige in totale Abhängigkeit von ihm: »Er war mein Beichtvater, Kritiker, Lehrer, derjenige, der sich auf alle meine Bedürfnisse einstellte, Berater, Geschäftsmann, Agent, Fürsprecher, er half mir, mit mir selbst und in meinem Haus in Frieden zu leben, er war mein absoluter Herr; ob es sich darum handelte, einen Rolls-Royce zu kaufen, einen Chauffeur einzustellen oder mir beizubringen, dass das Unterzeichnen von Schecks eine ernsthafte Angelegenheit ist. Er lehrte mich Tausende von Dingen, neben der englischen Sprache und meinem Beruf als Schauspielerin.« Was er nicht akzeptieren konnte waren die neuen Liebhaber, mit denen er sich Marlene in Hollywood teilen musste.

So gab es, obwohl sie »ein herrliches Haus mit einem Garten, dem blauen Himmel über dem Dach und einen Mann (hatte), der mir sagte, was ich tun sollte,« Konflikte und Krisen. Abgesehen davon, dass sie Äußerlichkeiten des amerikanischen Lebensstils störten — gegen die amerikanische Küche kochte sie beharrlich mit deutschen und österreichischen Spezialitäten wie Leberknödel, Sauerkraut, Kohlrouladen und Gurkensalat an — fehlte ihr die Familie: ihre Tochter Maria und Rudi ihr Berater. Die »Negerpuppe«, ihr Mas-

kottchen, und die stundenlangen Telefongespräche konnten den direkten Kontakt mit Verwandten und Freunden nun einmal nicht ersetzen. Sie stellte sich auch immer wieder die Frage, wie es ihr wohl beruflich in Deutschland ergehen würde. Sollte sie sich vielleicht dort nach Arbeit umsehen? Schließlich hatte ihr Paramount vorerst nur einen Vertrag für zwei Filme gegeben, der nach den Dreharbeiten von *Dishonored* enden würde. Wie würde es danach weitergehen? Würde sie einen neuen Vertrag bekommen? Und würde es mit Josef von Sternberg weitergehen? Nicht nur Marlene, auch die Paramount stellte sich diese Fragen, wobei den Direktoren klar war, dass es nach dem Riesenerfolg von *Morocco* eine Fortsetzung der Zusammenarbeit geben musste. Die Gesellschaft wollte die Dietrich unbedingt in Hollywood halten und beeilte sich deshalb, ihr einen neuen Vertrag mit einer wesentlich höheren Gage zu geben. Erst als sie den in der Tasche hatte, fuhr Marlene im Dezember 1930 nach Berlin, um nach mehr als einem halben Jahr ihre Familie wieder zu sehen.

Sie kam gerade rechtzeitig zum sechsten Geburtstag ihrer Tochter und feierte mit ihr Weihnachten und den eigenen 29. Geburtstag. »Die Rückkehr meiner Mutter kündigte sich durch die Ankunft ihrer neuen Überseekoffer an, die sie nach eigenen Vorstellungen in Amerika hatte anfertigen lassen … Eine Sekunde lang erkannte ich die schlanke, elegante Dame nicht, die in unsere Wohnung trat. Dann wurde ich von oben bis unten abgeküsst und wusste, dass meine Mutter wieder zu Hause war. Aber sie hatte sich verändert. Sie besaß eine mir noch fremde Autorität und Selbstsicherheit, als hätte sich eine Königin in einen König verwandelt.« Vertraut wird ihrer Tochter Maria der »König« erst wieder, als er zu essen anfängt: »Sie häufte sich noch eine Ladung Kohlrouladen auf den Teller. Sie musste völlig ausgehungert sein. Gerade erst vor dem Essen hatte ich sie ein großes Stück Schwarzbrot verdrücken sehen, dick bestrichen mit Gänseschmalz …«

Gleichzeitig fand das Wiedersehen mit alten Bekannten und Freunden aus Berliner Zeiten statt. Sie traf Willi Forst, besuchte den Presse- und den Filmball, den Salon von Betty Stern in der Barbarossastraße und andere Lokalitäten, die sie aus den zwanziger Jahren kannte. Außerdem nahm sie eine Schallplatte mit Liedern aus *Morocco* auf und fuhr zwischendurch zur Premiere des Films nach London und nach Prag. Nicht nur für ihre Tochter Maria war Marlene eine andere geworden. Auch für die Berliner war sie jetzt nicht mehr das Girl vom Kurfürstendamm, das auf den Brettern der Metropole tingelte, sondern ein Weltstar mit entsprechender Ausstrahlung. Zwar

konnten die Berliner sie noch nicht als Amy Jolly im Film *Morocco* sehen, der erst 1931 in die deutschen Kinos kam. Aber schon durch den *Blauen Engel* hatten sie begriffen, welches Kaliber sie war und was sie an ihr verloren hatten, und huldigten ihr mit überschwänglichen Ovationen. So ist es kein Zufall, dass der Bildhauer Ernesto de Fiori die Dietrich in dieser Zeit mit einer Büste porträtierte, die für das New Yorker Museum of Modern Art gedacht war – allerdings gelangte sie nie dorthin und wartet heute vergeblich in einem Raum des Heimatmuseums von Schöneberg darauf, ausgestellt zu werden.

Abschied von Deutschland

Haben die Berliner Anfang 1931 vielleicht geahnt, dass sich Marlene bald endgültig von Deutschland verabschieden würde? Wissen konnten sie es nicht, das wusste zu diesem Zeitpunkt noch nicht einmal Marlene selber – wenn sie auch dieses Mal ihre Tochter mit nach Amerika nahm und damit zumindest ein vorläufiges Ende ihrer deutschen Zeit markierte. Doch dabei haben politische Erwägungen noch keine Rolle gespielt. Allerdings gab es bereits klare Anzeichen für das, was sich in den folgenden Jahren in Deutschland ereignen sollte und sie durften auch Marlene nicht verborgen geblieben sein. Nach dem Schwarzen Freitag an der New Yorker Börse war die wirtschaftliche Lage in Deutschland düster. Es gab mehr als drei Millionen Arbeitslose, die bis Ende 1930 auf 4,4 Millionen anwuchsen und die große Koalition von Hermann Müller und Heinrich Brüning von der Zentrums-Partei ins Wanken brachten. Mit Hilfe von Notverordnungen versuchte man, die Krise zu bewältigen, aber schon am 14. September 1930 mussten Reichstagswahlen abgehalten werden, aus denen die NSDAP als zweitstärkste Kraft nach der SPD hervor ging. Auch auf Marlene hatten diese Veränderungen Auswirkungen: »Nach ihrer Ankunft erfuhr Marlene, dass genau zu dem Zeitpunkt, als sie in New York an Bord gegangen war, eine politische Vereinigung, die sich Nationalsozialis-

Farewell to Germany
In 1931 neither the Berliners nor Marlene could have known that she was leaving Germany for good, even if this time she was taking her daughter with her. Her decision to leave was not political, although there were already clear signs of what lay ahead; the economic situation was bleak, with mass unemployment. The National Socialist Party was gaining strength and Goebbels had started his campaign to ban all "degenerate art".

tische Arbeiterpartei nannte, bei einem Treffen in Bayreuth den Film *Der Blaue Engel* als drittklassigen und verderblichen Kitsch bezeichnet und gefordert hatte, ihn aus deutschen Lichtspielhäusern zu verbannen«, weiß Steven Bach. Später sollten die Nationalsozialisten auch zum Boykott von *Dishonored* aufrufen, den sie als zweitklassigen Remarque bezeichneten. SA-Männer hatten bereits die Berliner Premiere von *Im Westen nichts Neues* 1930 sabotiert, indem sie Hunderte von weißen Mäusen im Mozartsaal los ließen. Dabei seien auch Leni Riefenstahl, die sich als Remarques Freundin bezeichnete, und Joseph Goebbels anwesend gewesen. Nachdem die Vorstellungen zum Austragungsort organisierter Nazikrawalle wurden, soll der Nollendorfplatz einem Heerlager geglichen haben: »Der Polizeipräsident von Berlin ließ den Mozartsaal von einer Hundertschaft Polizei sichern, die den Strom der Besucher vor den Tätlichkeiten der SA schützen sollte«, schreibt Jürgen Scherbera in seinem Buch »Damals in Neubabelsberg«. »Goebbels ließ vor dem Kino Kundgebungen gegen den ›Hetzfilm‹ veranstalten, Hugenberg beantragte das Verbot des Films, das die Oberprüfstelle Berlin am 11. Dezember verfügte.«

All das stand bereits im Raum, als Marlene in Berlin war. Doch ihre Entscheidung, weiter in Hollywood zu arbeiten, hatte zu diesem Zeitpunkt noch ausschließlich berufliche Gründe. Niemand hätte ihr in Deutschland die Bedingungen bieten können, die ihr die Paramount und Hollywood damals boten, und vor allem hätte hier niemand den »Svengali« ersetzen können, der den Mythos um die Dietrich schuf. Vermutlich hätten es viele Berliner Kollegen, wenn sie die Möglichkeit dazu gehabt hätten, ebenso gemacht wie sie.

Als sie am 24. April 1931 zum zweiten Mal nach Amerika einreiste, hatte sich allerdings einiges verändert. Marlene hatte das Land als unnahbare Göttin verlassen, nun kam sie mit einem sechsjährigen Kind an der Hand zurück. Sie musste bei den Amerikanern erst einmal als Mutter eingeführt werden. Dies geschah so professionell, dass es das Ansehen des Stars beim Publikum noch wachsen ließ. »Über Nacht wurde die Mutterschaft in Hollywood zu einem heiß begehrten Attribut, selbst für die Femmes fatales. Ein

Marlene knew that she could only find work in America and in any case no-one could replace her Svengali. On April 24th she arrived back in Hollywood as a mother as well as a film star and a new image had to be created for her. Motherhood immediately became the new rage, even for femmes fatales! There was also some bad news to greet her; *Dishonored* was a flop and von Sternberg's wife had started divorce proceedings, blaming Marlene for the breakdown of her marriage.

Kind galt nun als notwendiges Schmuckstück. Adoptionsbüros wurden mit Nachfragen nach ›hübschen kleinen Mädchen‹ überschwemmt«, berichtet Maria Riva.

Ansonsten gab es bei ihrem Empfang in Amerika noch einige schlechte Nachrichten: Während ihrer Abwesenheit war der Film *Dishonored* angelaufen und stellte sich als Flop heraus. Vor dem Hintergrund der Depression und der wirtschaftlich angespannten Situation der Paramount war dies besonders dramatisch. Im Übrigen hatte Josef von Sternbergs Frau Riza Royce die Scheidung eingereicht und die Medien wissen lassen, Marlene sei an der Zerrüttung ihrer Ehe schuld. Die Beschuldigte bekam auch gleich bei ihrer Ankunft eine Gerichtsvorladung überreicht und die Paramount musste ihren Einfluss geltend machen, um die Wogen wieder zu glätten.

Nachdem die Dietrich mit ihrer Tochter ein neues Haus im Art-déco-Stil in Beverly Hills bezogen hatte, das groß genug für die Minifamilie und deren Anhang war, begannen die Dreharbeiten für *Shanghai Express*. Dabei bekam auch Maria ihren Part: »Ich wurde in das Team eingereiht. Travis machte mir eine eigene Uniform, die mich als ›Helferin von Marlene Dietrich‹ auswies. Es war meine Aufgabe, in meinem weißen Wickelmantel, wie ihn Herrenfriseure trugen, am Rande des beleuchteten Sets zu stehen und den Handspiegel meiner Mutter für sie bereitzuhalten. Ich kannte ihre Anweisungen aus dem Effeff!« Der ganze Film spielt im Zug. Eine Reisegesellschaft fährt von Peking nach Shanghai, mit dabei Captain Harvey (Clive Brook), die Chinesin Hui Fei (Anna May Wong), Henry Chang (Warner Oland) und die mysteriöse Shanghai Lily. Der Zug wird von Regierungstruppen angehalten, einer der Reisenden, ein Vertrauter des Rebellenführers, wird verhaftet. Als die Rebellen den Zug anhalten, entpuppt sich Chang als ihr Führer und erklärt die Reisenden zu Geiseln, vor allem die geheimnisvolle Shanghai Lily, der er sich nun nähert. Harvey versucht ihn davon abzuhalten und soll dafür mit dem Tod bestraft werden. Shanghai Lily setzt sich für ihn ein und nach weiteren Verwicklungen kann er sie schließlich in seine Arme schließen.

Against the background of the Depression, Marlene's next film, *Shanghai Express*, had to have a happy end. It turned out to be the most financially successful of all the films she made with von Sternberg and was nominated for several Oscars. *Blonde Venus*, however, was beset with problems. Paramount insisted on changes to the screenplay which neither Marlene nor von Sternberg agreed with. They were almost fired and the resultant film was a failure. At the same time Marlene received letters threatening to

Dieses Mal lastete besonderer Druck auf dem Regisseur, der sich keinen weiteren Misserfolg leisten konnte. Er sollte jetzt eine Geschichte mit Happy End verfilmen, wo Marlene ihren Mann bekommen würde, statt erschossen zu werden oder in die Wüste zu gehen. Tatsächlich gelang es ihm, einen Film zu machen, der auch im richtigen Leben ein Happy End hatte: Nachdem die Geschichte Marlenes als Shanghai Lily in schwarzem Kostüm, mit Schleier und Hahnenfedern Premiere hatte, wurde sie zum größten Kassenerfolg des Duos Dietrich/von Sternberg. Man kann sich darüber streiten, welcher der gemeinsamen Filme der künstlerisch gelungenste und interessanteste ist, in finanzieller Hinsicht war es in jedem Fall *Shanghai Express*. Und auch, was den Erfolg bei Kritikern und Publikum anging: Der Film wurde gleich für mehrere Oscars nominiert und bekam schließlich den für die beste Kamera. Auch in Berlin wurde *Shanghai Express*, der im April 1932 im Mozartsaal lief, begeistert aufgenommen. »Eine Liebesgeschichte, die glücklich endet, die banal wirken würde, wenn nicht Marlene Dietrich diese Shanghai Lily mit dieser Ruhe, Beherrschtheit, Überlegenheit ausstatten würde«, würdigte das Reichsfilmblatt die Leistung der deutschen Protagonistin. »Wie viele Vorhänge hätte man zählen müssen, wenn Marlene Dietrich auf der Bühne erschienen wäre! Auch so lebhafter Applaus!«

Es sollte schwierig werden, einen derartigen Erfolg zu wiederholen. Das nächste Projekt, *Blonde Venus*, war schon im Vorhinein mit ungeheuren Schwierigkeiten verbunden. Dabei lag der Film besonders der Dietrich am Herzen, möglicherweise hat sie sogar am Drehbuch mitgearbeitet. Mit der Geschichte wollte sie offensichtlich beweisen, dass sie auch erdverbundenere Mutterrollen überzeugend darstellen konnte. Das Sujet – eine liebende Mutter, die sich als Nachtclubsängerin betätigt und Ehebruch begeht, um ihren kranken Mann zu retten – war allerdings überaus komplex: »Sie sollte diesmal eine gute, hingebungsvolle Mutter, eine perfekte, opferbereite Ehefrau, ein heruntergekommenes Straßenmädchen, eine rowdyhafte Nachtklubsängerin, eine gefeierte Kabarettistin spielen und schließlich wieder die geliebte, nur ein einziges Mal untreue Ehefrau«, beschreibt Maria Riva das Dilemma. Das schien auch den Verantwortlichen der Paramount nicht geheuer. Sie hatten von vorn-

kidnap her daughter Maria, if she didn't pay out $10,000. She refused and although with the help of von Sternberg, her bodyguards and the FBI, she managed to keep Maria from danger, it made her feel very unsettled about her new homeland.

herein ihre Zweifel an der *Blonden Venus*, verlangten immer neue Änderungen des Drehbuchs, mit denen weder die Protagonistin noch der Regisseur einverstanden waren. Die Streitigkeiten drohten sogar zu einer vorzeitigen Auflösung des Vertrags mit der mächtigen Filmgesellschaft zu führen: »Am 29. April 1932 gab die Filmgesellschaft Paramount bekannt, dass Marlene Dietrich zeitweilig suspendiert worden sein, weil sie sich weigerte, die Vertragsbedingungen einzuhalten, und in *Blonde Venus* durch Tallulah Bankhead ersetzt werde … Als nächstes gab Paramount bekannt, dass die Filmgesellschaft eine Schadensersatzklage in Höhe von 100 000 Dollar gegen Josef von Sternberg erhebe. Seine Antwort war charakteristisch: ›Nur 100 000 Dollar? Wie beleidigend?‹«

Schließlich einigte man sich doch auf den gemeinsamen Film – möglicherweise hat Rudolf Sieber seine Frau und deren Meister dahingehend beeinflusst, in die Bedingungen der Paramount einzuwilligen. Nachdem sie relativ lustlos ihre Arbeit verrichteten, fiel der Film beim amerikanischen Publikum durch. Auch die Kritiker waren der Ansicht, Josef von Sternberg habe mit diesem Film »den Tiefpunkt seiner Karriere erreicht«.

Zwischendurch machten Marlene auch noch ganz andere Probleme zu schaffen: ihre Tochter Maria sollte entführt werden. Kurz nachdem in den USA der spektakuläre Fall eines entführten und anschließend getöteten Babys durch die Presse gegangen war, bekam Marlene im Mai 1932 mehrere Schreiben, die ihrer Tochter ein ähnliches Schicksal androhten, wenn sie nicht 10 000 Dollar zahlen würde. Sie tat es nicht. Statt dessen holte sie ihren Ehemann Rudi Sieber aus Deutschland zu Hilfe, der zusammen mit Josef von Sternberg, von Marlene engagierten Leibwächtern und Angestellten des FBI die Gefahr von Maria abwandte. Aber die Angelegenheit verunsicherte die Mutter hinsichtlich ihrer neuen Heimat.

Politisierung der Blonden Venus

Immer wieder spielte sie mit dem Gedanken, zurück nach Europa zu gehen. Maurice Chevalier, den sie in Hollywood kennen und lieben gelernt hatte, schlug ihr vor, in London Theater zu spielen, vor allem aber liebäugelte sie damit, wieder in Berlin zu arbeiten. Zwar band sie noch ein Vertrag an die Paramount und sie bekam auch keine direkten Angebote von der Ufa, aber ein Weltstar wie die Dietrich hätte dort sicherlich gute Chancen gehabt. Jeden-

falls wollte sie nach den unerfreulichen Dreharbeiten zur *Blonden Venus* nach Berlin reisen, um ihre Familie zu besuchen und sich dabei vielleicht auch selbst ein Bild von der Lage in Deutschland zu machen: »Papilein, ich habe mit dem Packen angefangen«, schrieb sie am 8. September 1932 an Rudolf Sieber. »Die ›Bremen‹ fährt am 10. Oktober ab. Ich gebe das Haus zum nächsten Monat auf. Dem Kind tut es sicher gut, wieder einmal nach Deutschland zu kommen. Sie ist schon eine 200-prozentige Amerikanerin, und ich sehne mich danach, wieder auf heimatlichem Boden zu stehen und Mutti wiederzusehen …« Doch Rudolf Sieber telegrafierte sofort zurück: »Du solltest nicht nach Deutschland kommen, politische Lage jetzt gefährlich, … neue Wahlen haben Gefahr eines Bürgerkriegs heraufbeschworen …«

Nachdem 1932 das Heer der Arbeitslosen zeitweise auf sechs Millionen angewachsen war, wurde die politische Situation immer instabiler. Am 31. Juli gab es neue Reichstagswahlen, bei denen sich die NSDAP mit 37,4 Prozent als stärkste Partei profilieren konnte. Aber noch weigerte sich Reichspräsident Paul von Hindenburg, Hitler zum Reichskanzler zu ernennen. Diese beunruhigende Entwicklung hatte Marlenes Ehemann in Berlin genau verfolgt und versuchte bei seinen Besuchen in Hollywood, seine Frau auf dem Laufenden zu halten: »Mein Vater erzählte uns, dass eine ganze Reihe von deutschen Millionären die sogenannten Nazis unterstützte, besonders Herr Hugenberg, der Chef der Ufa und später Direktoriumsmitglied bei Krupp war, sowie jemand namens Thyssen«, berichtet Maria Riva.

Als Rudolf Sieber anlässlich ihrer angedrohten Entführung im Sommer 1932 zum zweiten Mal in Beverly Hills gewesen war, hatte er sich bereits einen Posten in Paris gesichert, wo er für die Paramount Filme synchronisieren sollte. Für Marlene war das zu diesem Zeitpunkt nicht nachvollziehbar. Als sie ihn fragte, warum er Berlin verließ, soll er seiner Tochter zufolge geantwortet haben: »Weil ich glaube, dass sich in Deutschland etwas außerordentlich Gefährliches zusammenbraut, dass es sogar noch schlimmer werden wird und uns im Laufe der Zeit einen weiteren Krieg bringen könnte!«

The politicization of the Blonde Venus
Marlene kept toying with the idea of going to Europe. Maurice Chevalier suggested she went to London but she really wanted to work in Berlin and missed her family. On 8th September 1932 she wrote to Rudolf Sieber saying she was coming home, but he immediately telegraphed back warning her that the political situation was too dangerous. Rudi had found himself a job in Paris and although Marlene was outraged, she took his advice and

Ihre Mutter sei damals empört gewesen, dass »irgendwelche albernen politischen Unruhen sie daran hinderten, nach Berlin zurückzukehren«, meint Maria Riva. Immerhin nahm sie Rudis Warnung ernst und änderte ihre Reisepläne. Sie machte Urlaub an der Ostküste der Vereinigten Staaten und kehrte anschließend nach Hollywood zurück, um hier den ersten Film ohne ihren »Svengali« zu drehen. Die Paramount, die die Zusammenarbeit der beiden nicht mehr für fruchtbar hielt, hatte ihr für die Komödie *Song of Songs* den Regisseur Rouben Mamoulian zugeteilt. Sie wehrte sich mit Händen und Füßen gegen den neuen Regisseur und den anspruchslosen Streifen, in dem sie im weißem Frack und Zylinder auftreten und ein paar Lieder singen sollte. Aber ihr Agent riet ihr dringend, den Vertrag einzuhalten. Alles andere würde kostspielige juristische Auseinandersetzungen zur Folge haben. Auch von Sternberg bestärkte sie darin, Marlene fühlte sich dagegen von ihm verraten. »Wo bis du, Jo«, soll sie am ersten Drehtag ausgerufen haben.

Über den Liebeskummer mag sie die Schriftstellerin Mercedes de Acosta hinweggetröstet haben, die auch Greta Garbos Geliebte war. Doch auf dem Set fehlte ihr das liebende Auge des Leonardo da Vinci der Kamera. So unerfreulich die Dreharbeiten zunächst waren – Marlene machte dabei eine wichtige Erfahrung: »Eine feine Veränderung war in ihr vorgegangen«, erinnert sich ihre Tochter Maria. »Sie hatte ihren ersten amerikanischen Film ohne von Sternberg gedreht und überlebt. Und die Welt war nicht untergegangen. Sie war sich noch nicht ganz sicher, aber es war durchaus möglich, dass sie selbst ein großer Star war, auch ohne die unerlässliche Gegenwart ihres Schöpfers. Diese langsam aufscheinende Erkenntnis war ein Wendepunkt im Leben meiner Mutter. Nie wieder würde sie, was ihn betraf, so abhängig oder fügsam sein wie zuvor …«

Nach den Dreharbeiten trug sie sich wiederum mit dem Gedanken, nach Deutschland zu reisen. Und wieder hielt sie Rudolf Sieber davon ab. Er hatte die Gefahr, die für die Dietrich in Berlin bestand, klar erkannt: Sie solle nicht ohne neuen amerikanischen Vertrag nach Deutschland fahren, denn nur so

went on holiday to the East Coast instead. She returned to Hollywood to make her first film without her Svengali, *Song of Songs* co-starring Cary Grant. She missed von Sternberg but found consolation in an affair with Mercedes de Acosta, who was also Greta Garbo's lover and discovered that she could manage without her creator.

When filming was over she desperately wanted to get back to Berlin again but Rudi sent a further telegram from Paris and arranged to meet her in

könne sie keiner daran hindern, das Land wieder zu verlassen. Marlene schloss daraufhin eher widerwillig einen neuen Vertrag mit der Paramount ab, der ihr die weitere Arbeits- und Aufenthaltsmöglichkeit in den Vereinigten Staaten zusicherte. Als sie nun glaubte, unbesorgt nach Berlin fahren zu können, telegrafierte Rudi abermals aus Paris: »Lage in Berlin schrecklich, jeder rät davon ab, dass Du kommst, … die meisten Bars und Theater sind geschlossen, … Kinos unmöglich, Straßen leer, alle Juden von Paramount sind über Wien, Prag nach Paris geschafft worden, … ich erwarte Dich in Cherbourg …« »Mit welchem Vorwand er meine Mutter davor bewahrte, in Berlin zu arbeiten, erfuhr ich nie«, schreibt Maria Riva über die telegrafischen Interventionen ihres Vaters. »Es muss eine knifflige Angelegenheit gewesen sein. Hitler war deutscher Kanzler, die Flüchtlinge waren nicht mehr zu übersehen, und Gerüchte von persönlichen Tragödien machten die Runde. Aber noch schien niemand allzu besorgt, außer den direkt Bedrohten und jenen wenigen, die die Ideologie von ›Mein Kampf‹ wirklich durchschauten und sich der schrecklichen Möglichkeit bewusst waren, dass sie realisiert werden könnte. Gott sei Dank gehörte mein Vater zu diesen wenigen Erleuchteten. Ohne seinen Rat wären das Leben der Dietrich und mein Leben ganz anders verlaufen …«

Anders als Josef von Sternberg, der noch im Februar 1933 nach Berlin fuhr, um offenbar nach neuen Aufträgen Ausschau zu halten, sich dort mit Leni Riefenstahl und Alfred Hugenberg traf und bei seiner Abreise sogar noch den Reichstagsbrand miterlebte, hatte Sieber die Ereignisse kritischer verfolgt. Adolf Hitler war seit dem 30. Januar 1933 Reichskanzler der »Koalition der nationalen Konzentration«. Wenig später nahmen die Nazis den Reichstagsbrand zum Anlass, um einigen jüdischen Künstlern, darunter so prominenten Figuren wie Kurt Weill oder Max Reinhardt, die deutsche Staatsbürgerschaft zu entziehen. Bald darauf sollten die Bücher von Stefan Zweig, Erich Maria Remarque und auch Heinrich Manns »Professor Unrat« öffentlich verbrannt werden.

Cherbourg. Maria Riva later wrote that her father was one of the few people who really understood how dangerous Hitler and his ideology were. The Nazis were now in power. They had taken German citizenship away from many prominent Jewish artists, including Kurt Weill and Max Reinhardt and publicly burned the books of Stefan Zweig, Erich Maria Remarque and Heinrich Mann. Only Aryans found jobs at Ufa and all the best directors and actors emigrated. Despite her unpolitical, conservative

Auch auf den Film hatte die Machtergreifung unmittelbare Auswirkungen: Alle Filmschaffenden wurden Zwangsmitglieder in der Reichsfilmkammer, wobei »Nicht-Arier« von vornherein ausgeschlossen waren. Das galt auch für die jüdischen Ufa-Mitarbeiter Erich Pommer und Robert Liebmann, die Marlene vom *Blauen Engel* her kannte und die nun ihre Arbeit verloren. Während die kreativsten Regisseure und Darsteller reihenweise emigrierten und große Lücken im deutschen Film hinterließen, versuchte Reichspropagandaminister Joseph Goebbels das Medium auch inhaltlich unter seine Kontrolle zu bringen. Die für Ende März geplante Uraufführung von Fritz Langs neuer Fassung von *Das Testament des Dr. Mabuse*, die als Allegorie auf Hitlers Terrormaßnahmen konzipiert war, wurde verboten. Dafür erlebte schon wenige Tage nach der Machtergreifung das patriotische Heldenepos *Morgenrot* von Gustav Ucicky über die U-Boot-Männer im Ersten Weltkrieg in Anwesenheit von Hitler und Alfred Hugenberg seine feierliche Premiere. Während *Der Blaue Engel* verboten wurde, sollten von nun an Streifen wie Hans Steinhoffs *Hitlerjunge Quex* oder *SA-Mann Brand* von Franz Seitz neue Akzente setzen.

Marlene war von Elternhaus und Erziehung her unpolitisch und eher konservativ eingestellt. Doch die Bohème der zwanziger Jahre, der Umgang mit jüdischen, homosexuellen und politisch andersdenkenden Künstlern haben ihren Horizont erheblich erweitert. Diese Kontakte hatten sie für das, was jetzt in Deutschland geschah, sensibilisiert. Wenn Marlene auch nicht unbedingt die politischen Zusammenhänge durchschaute – dafür sollten andere noch viel mehr Zeit benötigen – mussten die Ereignisse in Deutschland sie alarmieren und endgültig wachrütteln. Ihre Freunde und Bekannten waren von den Maßnahmen der Nazis bedroht, Menschen, die sie schätzte und verehrte. Aber auch sie selber war betroffen, zumindest ihre Karriere. Welche Film hätte sie in einem Land, in dem *Dishonored* und *Der Blaue Engel* verboten wurden, noch drehen können? Und mit wem sollte sie denn bei der Ufa noch zusammen arbeiten, wenn alle früheren Kollegen oder Auftraggeber emigrie-

upbringing, Marlene was alarmed at these events which affected many of her friends from the Twenties and influenced by her husband, she began to take a strongly anti-fascist stand.
She travelled to France on board the German ship, "Europa" where she felt very much home and her daughter recalls her enjoying all the German specialities on the menu. When she reached Paris she looked for work, made a recording and generally led a chic existence, visiting fashion shows

ren mussten? Spätestens jetzt setzte bei ihr eine zunehmende Politisierung ein, die in den folgenden Jahren immer entschiedener wurde und schließlich in das aktive Engagement auf Seiten der Alliierten im Zweiten Weltkrieg einmündete. Zur politischen Einsicht kam sie sicherlich mit Hilfe ihres Ehemanns Rudolf Sieber. Die Konsequenz, mit der sie ihren Antifaschismus von nun an vertrat, beruht aber auf ihrer eigenen Überzeugung und Entscheidung: »Man muss es ihr hoch anrechnen, dass sie die Richtigkeit seiner Worte erkannte und sich nicht gegen seinen Entschluss auflehnte, sie um jeden Preis von Deutschland fernzuhalten«, ist Maria Riva überzeugt. »Ihre weise politische Entscheidung, die die Welt der frühen dreißiger Jahre als geradezu prophetisch rühmte, war auf guten Rat und nicht auf Intuition zurückzuführen. Danach war es wie immer: wenn die Dietrich einen Gedanken einmal akzeptiert hatte, machte sie ihn sich mit einer Leidenschaft zu eigen, die Jeanne d'Arc vor Neid erblassen lassen könnte.«

Als sie im Frühjahr 1933 nach Europa fahren wollte, beherzigte sie also Siebers Rat, nicht nach Berlin zu kommen. Das mag ihr nicht leicht gefallen sein. Hat sie aus Heimweh ein deutsches Schiff für die Überfahrt gewählt, das ihr ein Stück weit die unzugängliche Heimat ersetzte? »Alle redeten Deutsch. Meine Mutter war zu Hause«, erinnert sich Maria Riva an die Reise. »Sie war glücklich. Bei der Lektüre der Speisekarte leckte sie sich die Lippen und bestellte alles: Würstchen, Sauerkraut, Leberknödel, Rotkohl, Bratkartoffeln und Leberwurst auf Schwarzbrot. Wenn auf der ›Europa‹ Gänseschmalz vorrätig gewesen wäre, dann hätte sie auch das noch bestellt.« Allerdings wurden die Reisenden auch hier von der politischen Realität eingeholt: »Die ›Europa‹, die zunächst überfüllt gewirkt hatte, war in der ersten Klasse in Wirklichkeit halb leer. Die Amerikaner passten bereits auf, dass sie sich nicht auf, juristisch gesehen, deutschen Boden begaben. Die entspannte Stimmung meiner Mutter hielt eine ganze Weile an, bis wir entdeckten, dass in der Buchhandlung des Schiffes ›Mein Kampf‹ verkauft wurde. Das schockierte sie, brachte sie aber

and mixing with Jean Cocteau and Orson Welles. The number of emigrés from Germany was growing and Marlene took this bewildered group, especially the Jews, under her wing. Together with Rudi she created a refuge in their Versailles Hotel, replacing the croissants with Bagels and the glazed chicken breasts with smoked fish. She also met up with her mother and sister in Austria and enjoyed several family holidays there before it was annexed by Hitler.

nicht völlig aus der Fassung. Für sie war die ›Europa‹ immer noch ›Vaterland‹. Wir wussten nicht, dass dies unsere letzte Reise mit einem deutschen Schiff sein würde.« In Cherbourg gingen sie von Bord und begaben sich von dort aus nach Paris, wo Marlene überall wo sie hinkam in ihrem Aufzug mit Hosen und Baskenmütze Aufsehen erregte. Während sie sich in Frankreich nach Arbeit umsah, eine Schallplatte aufnahm und ansonsten ein mondänes Leben führte, musste sie erkennen, wie recht Rudi mit seiner Warnung hatte. Nach und nach fanden sich hier Freunde, Bekannte und Kollegen, darunter Friedrich Hollaender und Mischa Spoliansky ein, die aus Deutschland emigriert waren und bestätigten, was ihr Sieber über die Zustände in ihrer Heimat erzählt hatte. »Jetzt lauschte ich den seit kurzem Heimatlosen, in deren Erzählungen Angst und Schrecken, Heimweh und Sehnsucht, meistens aber, wie es mir sogar als Achtjähriger vorkam, lähmende Fassungslosigkeit anklangen. Sie gebrauchten fremdartige Wörter wie ›Nazi‹, ›SS‹ und ›Gestapo‹, die ich später in meinem Wörterbuch nicht finden konnte …«, schreibt die Riva rückblickend. Nachdem sich nun viele der Emigranten mittellos in der fremden Umgebung durchschlagen mussten, nahm sie die Dietrich unter ihre Fittiche und engagierte sich ihrer Tochter zufolge als »Hausmutter der aus Deutschland fliehenden Künstler«: »Die Rolle sagte ihr zu, und sie spielte sie vorzüglich. Dass sie Preußin war, vermehrte ihre Menschlichkeit. Mit meinem österreichisch-tschechischen Vater als Haushofmeister herrschte die Dietrich über ihren Flüchtlingshofstaat, und in unserem Hotel in Versailles blühte ein kleines Berlin.« Dabei kümmerte sie sich besonders um die jüdischen Emigranten. »Die Croissants und glasierten Hühnerbrüste verschwanden. Und dank der vorzüglichen Kenntnisse meines Vaters, wo es was zu kaufen gab, nahmen ›Bagels‹, Hühnerleber und geräucherter Weißfisch ihren Platz auf dem feinen, geblümten Porzellan ein. Während der Hotelchef des ›Trianon Palace‹ sich die Haare raufte, betrieb meine Mutter das beste jüdische Restaurant Frankreichs …«, heißt es in »Meine Mutter Marlene«. Die Dietrich ließ es sich derweil auch selber gut gehen. In Paris lebte sie auf großem Fuß, besuchte

Marlene's fortune was now beginning to dwindle and so she returned to Paramount Studios to make *The Scarlet Empress* with von Sternberg. She worked hard on perfecting her role and her biographer, Steven Bach, rated both her performance and the photography highly, but it appealed to neither the public nor the critics and only later became a classic. In March 1934, before the reviews were released, Marlene made a brief visit to Berlin mainly to persuade her mother to join her in America but Josephine

Marlene Dietrich mit Rudolf Sieber und ihrer Tochter Maria (links) im Juli 1936 in Paris.
Marlene Dietrich with Rudolf Sieber and her daughter Maria (left) in Paris in July 1936.

Modenschauen, machte Bekanntschaft mit Jean Cocteau und Orson Welles und schwelgte im kulturell anregenden Leben der Metropole. Zwischendurch fuhr sie auch zu einem Familientreffen mit ihrer Mutter und Schwester in Österreich, das, solange noch keine deutschen Truppen einmarschiert waren, neben Frankreich ihr bevorzugtes europäisches Exilland werden sollte. Immer wieder träumte sie von einem Bauernhaus in den Alpen, von der ländlichen Idylle im Salzburger Land. »Meine Mutter war die schönste Milchmagd aller Zeiten, mein Vater trug kurze Lederhosen und Tiroler Kniestrümpfe, Tami und ich trugen unterschiedlich blumenverzierte Dirndl … Die Vorstellung von *Heidi* konnte beginnen!«, amüsiert sich Maria Riva. »Von da an lief jeder Besuch in Salzburg nach diesem Muster ab. Unserer Gepäckliste wurde ein neuer Schrankkoffer hinzugefügt, der die Aufschrift ›Österreich – Salzburger Spezialitäten‹ trug. Wir reisten jedes Jahr dorthin und spielten ›Milchmädchen auf der Butterblumenwiese‹, bis Hitler Österreich besetzte …«

Aber bei diesem aufwändigen Leben in Paris 1933 schmolz Marlenes Vermögen dahin, und sie musste sich Gedanken über ihre weitere Karriere machen. Nachdem sich andere Verdienstmöglichkeiten in Europa zerschlugen, war es naheliegend, die Tätigkeit in Hollywood wieder aufzunehmen und mit der Paramount zu verhandeln. Dies hatte in der Zwischenzeit auch Josef von Sternberg getan. Dieses Mal wollte er allerdings ohne seine schwierige »Trilby« einen aufwändigen Historienfilm machen. Doch damit war die Paramount nicht einverstanden. Die Dietrich und keine andere sollte die scharlachrote Kaiserin seines gleichnamigen Projekts sein, das vom Herbst 1933 an realisiert wurde. Marlene kam zu den Dreharbeiten gerade rechtzeitig aus Europa zurück. Eine anstrengende Zeit erwartete sie hier. Nicht allein wegen der zermürbenden Auseinandersetzungen mit dem Regisseur, die sich immer weiter zuspitzten, auch die Rolle als solche verlangte ihr große Opfer ab. *The Scarlet Empress* handelt von der engelsgleichen Preußenprinzessin Sophie Friederike, die den russischen Großherzog Peter heiraten muss und zur gnadenlosen Des-

von Losch felt she had to stay in Berlin to run the family business. Marlene did manage, however, to get an American visa for her husband and was able to extend her own passport which enabled her to apply for American citizenship. This was a tricky business as the Nazis were blacklisting all the Aryan artists who were leaving Germany. However, their attitude towards Marlene was ambivalent; on the one hand she was a traitor because she worked in Hollywood, but on the other hand they needed her for

Marlene Dietrich bei ihrer Ankunft in Paris 1939.
Marlene Dietrich arriving in Paris in 1939.

potin heranreift. Mit ihren pompösen, ausladenden Kostümen und ihrer geschlechtslosen, androgynen Schönheit hält sie Russland und die Männer in Schach. Da es ein Kostümfilm war, wurde am Aussehen der Hauptdarstellerin, aber auch an der Gestaltung der einzelnen Szenen unerbittlich gefeilt. Die Perfektion verfehlte nicht ihre Wirkung: »Dieses Bild der Dietrich, wie sie ihre Leibwache inspiziert, im hohen Kosakenhut aus Nerzfell, wurde zum visuellen Erkennungszeichen des Films *Die scharlachrote Kaiserin*. So wie die Strapse und der Zylinder zum Erkennungszeichen von *Der Blaue Engel* wurden«, erklärt Maria Riva. Steven Bach urteilt: »Nie war Marlene schöner auf der Leinwand, nie so ikonenhaft. Manchmal reduzierten die Nahaufnahmen ihr Gesicht auf Augen und Nase hinter dem Brautschleier – Einstellungen, die so meisterhaft fotografiert sind, dass wir die einzelnen Fasern des Gewebes zählen können. Nie war eine Kamera so in eine Frau verliebt wie in dieser faszinierenden Sequenz, und keine Frau gab sich je der Kamera so bereitwillig hin …« Aber Presse und Publikum hatten für diese Feinheiten keinen Sinn. Der ersehnte Erfolg blieb aus, erst später sollte *The Scarlet Empress* zum Klassiker werden.

Bevor Marlene allerdings die Reaktionen der Medien zur Kenntnis nahm, hat sie sich noch ein letztes Mal vor dem Krieg nach Deutschland begeben. Dieser Blitzbesuch hatte rein familiäre Gründe. Einerseits wollte sie ihre Mutter noch einmal persönlich davon überzeugen, ihr nach Amerika zu folgen. Dabei lehnte Josephine von Losch ein Leben in Hollywood nicht nur kategorisch ab, auch die Tatsache, dass Marlenes Onkel Willi, der Besitzer der Firma Felsing, Anfang 1934 starb und Josephine das Uhrengeschäft der Familie weiter führen musste, machte ihr eine Ausreise unmöglich. Gleichzeitig sollte Marlene in Berlin für ihren Mann ein Visum für einen längeren Amerika-Aufenthalt besorgen. Eine heikle Mission. Denn in Deutschland hatten die Nazis weitere Verordnungen erlassen, die auch sie betrafen. Danach wurde den arischen Filmschaffenden, die sich ohne zwingenden Grund im Ausland aufhielten und nicht zum Aufbau einer neuen deutschen Kultur beitrugen,

the German film industry, which was losing both prestige and money. Goebbels and Hitler were both fans of *The Blue Angel* but they used Marlene's visit to try and discredit her in America and banned screenings of *Song of Songs*. When she finally separated from von Sternberg the Nazi press praised her for ridding herself of the "Hollywood Jew" and urged her to return to the Fatherland.

88

Sabotage vorgeworfen. Auch Marlene galt demnach als Verräterin, weil sie in Hollywood arbeitete. Dass sie jetzt nach Berlin kam, konnte von den Nazis und der deutschen Öffentlichkeit jedoch als Signal gewertet werden: Würde sie reumütig ins Reich zurückkehren, um dort »Königin des deutschen Films« zu werden, wie Joseph Goebbels es wünschte? Unzählige Künstler hatten dem NS-Staat bereits den Rücken gekehrt: Peter Lorre, Max Ophüls, Robert und Curt Siodmak, Kurt Bernhardt, Slatan Dudow, Fritz Kortner, Otto Preminger, Billy Wilder und Fred Zinnemann. Auch Fritz Lang hatte, nachdem ihm der Posten des Reichsfilmintendanten angetragen wurde, schnellstens seine Koffer gepackt. Während zu bestimmten Zeiten Hunderte deutsche Filmschaffende versuchten, bei amerikanischen Produktionen unter- zukommen, klafften bei der deutschen Filmindustrie immer größere Lücken. Zwar waren renommierte Darsteller wie Emil Jannings und Hans Albers im Land geblieben und es fanden sich auch immer wieder neue Talente, aber es fehlte die Avantgarde, die zum Renommee des deutschen Films beigetragen hatte. Das hohe Niveau, das er vor der Machtergreifung erreicht hatte, war nicht mehr zu halten. Das war nicht nur ein Prestigeverlust, sondern wirkte sich auch finanziell aus: Hatte die deutsche Filmindustrie vor 1933 noch 40 Prozent ihrer Kosten mit dem Export bestritten, waren die Auslands- verkäufe von Filmen nun rückläufig und hinterließen immer größere Defizite. In diesem Zusammenhang hätten es die Nationalsozialisten nur allzu gern gesehen, wenn der Hollywoodstar wieder nach Deutschland zurückgekehrt wäre. Man hätte ihr hohe Gagen bezahlt und sie in jeder Hinsicht hofiert. Da- von abgesehen, dass Goebbels ein großer Verehrer des *Blauen Engel* war, soll auch Adolf Hitler die Dietrich geschätzt haben. Das behauptet jedenfalls Her- bert Döhring, Hitlers Hausverwalter auf dem Berghof: »Viele amerikanische Filme liefen ja bei uns, die in der Öffentlichkeit nicht liefen. Und da hat er die Marlene Dietrich beruflich, schauspielerisch immer gelobt. Auf der anderen Seite hat sie Deutschland verraten, das mochte er nicht …«, berichtet Döh- ring in einem Interview gegenüber dem Fernsehsender ZDF. Solange also Hoffnung auf eine Rückkehr des *Blauen Engel* bestand, machten Goebbels und seine Leute Marlene immer wieder Avancen. Andererseits haben sie versucht, sie in Amerika zu diskreditieren, um ihr dort die weitere Karriere zu erschwe- ren. So wurde auch der Kurzbesuch von 1934 propagandistisch ausgenutzt: »Am 14. März gab der Leiter der nationalsozialistischen Filmkammer bekannt, Marlene habe eine ›beträchtliche Summe‹ für den Wohltätigkeitsfonds der Organisation gespendet. Diese Spende wurde als Geste der ›Versöhnung‹

apostrophiert«, weiß Steven Bach. »All jene jedoch, die ein Gespür für die Taktiken des Dr. Goebbels hatten, sprachen von einem Erpressungsversuch. Zwei Tage später verboten die Nazis *Song of Songs*, um zu demonstrieren, dass sie nicht käuflich waren. Marlene, so verkündeten sie, sei ›eine deutsche Schauspielerin, die sich in Amerika mit Vorliebe in Dirnenrollen gefällt und in der ganzen Welt als Deutsche bekannt ist … so dass die Welt ein völlig falsches und unsachliches Bild von Deutschland erhält‹.« Dieses ambivalente Vorgehen sollte von nun an den Umgang der Nazis mit Marlene kennzeichnen. Auf der einen Seite kritisierten sie die Diva, die in Amerika Millionen verdiente, während die Arbeitslosen in ihrem Vaterland hungerten – ohne dabei zu erwähnen, dass auch deutsche Stars üppige Gagen kassierten. Auf der anderen Seite ließ Goebbels nichts unversucht, um den *Blauen Engel* zurückzugewinnen und als großen deutschen Star aufzubauen. Deshalb wurde keine einseitige Hetzkampagne gegen sie veranstaltet. Vielmehr wurden Kritik und Häme wohl dosiert und wechselten sich mit versteckten Angeboten und Gesten des guten Willens ab. So bekam sie nicht nur das Ausreisevisum für Rudolf Sieber, ihr wurde auch später in Paris anstandslos der Pass verlängert, der für die Erlangung der amerikanischen Staatsbürgerschaft unerlässlich war. Aber die »Berliner Illustrierte«, die damals die führende deutsche Wochenzeitschrift war, vermittelte der Öffentlichkeit ein ganz anderes Marlene-Bild: Sie zeigte eine Photomontage von Marlene, über die sich ein ältlicher John Rockefeller beugt. Er fragt die lächelnde Dietrich »Wann endlich werden Sie mir Ihr Ja-Wort geben, Marlene?« Sie antwortet: »Sparen Sie erst noch eine Milliarde, Mr. Rockefeller!« Auf der anderen Seite versuchte die deutsche Presse, die Dietrich als Bürgerin für das Dritte Reich zu vereinnahmen. Als sie sich endgültig von Josef von Sternberg getrennt hatte, beglückwünschte man sie im »Reichsfilmblatt« zu diesem vermeintlich politisch bedingten Schritt: »Applaus für Marlene Dietrich, die endlich den jüdischen Regisseur Josef von Sternberg entlassen hat, der sie immer eine Prostituierte oder sonst wie entehrte Frau spielen ließ, aber nie eine Rolle, die dieser großen Bürgerin und Vertreterin des Dritten Reichs zur Ehre gereichen würde … Marlene sollte jetzt ins Vaterland heimkehren, ihre historische Rolle als Anführerin der deutschen Filmindustrie übernehmen und sich nicht mehr als Werkzeug der Juden von Hollywood missbrauchen lassen.«

Hausmutter mit Flüchtlingshofstaat

Als die Dietrich im April 1931 von Berlin nach Hollywood zurückging, war das eine rein berufliche Entscheidung gewesen. Drei Jahr später wurden die Vereinigten Staaten von Amerika ihr Exil.

Mehr als ein Jahrzehnt sollte Marlene keinen deutschen Boden mehr betreten und ihre Mutter und Schwester lediglich im europäischen Ausland treffen. Dabei musste sie in Hollywood genauso um ihre Karriere kämpfen wie im Berlin der zwanziger Jahre. Zwar waren ihre Rollen jetzt wesentlich höher dotiert, aber auf Erfolge folgten immer wieder Krisen, die ihre weitere Laufbahn in Frage stellten. Nach *The Scarlet Empress* nahm sie nun das letzte gemeinsame Projekt mit Josef von Sternberg in Angriff, *The Devil is a Woman*, in dem sie die spanische Tänzerin Concha spielt. Wieder macht sie einen historischen Film – *Die spanische Tänzerin* spielt zur Zeit von »Carmen« – und wieder besteht ihre Rolle darin, sich in diabolischer Weise über die Männerwelt zu erheben, sich über sie lustig zu machen und sie zu Grunde zu richten. Im Hinblick auf Kostüme und Regie hat die Zusammenarbeit der beiden Genies hier ihren Höhepunkt erreicht und *The Devil is a Woman* ist zu einem Lieblingsfilm der Fan-Gemeinde geworden. Aber in den amerikanischen Kinos erlebte er 1935 ein Fiasko. Der Misserfolg besiegelte das Ende der sechsjährigen Beziehung, nach den spannungsreichen, für beide Teile quälenden Dreharbeiten zur *Spanischen Tänzerin* folgte die endgültige Trennung.

Während Josef von Sternberg auf Weltreise ging und danach vergeblich versuchte, an seine früheren Erfolge anzuknüpfen, musste Marlene nun ohne ihn in Hollywood zurecht kommen. Da wäre es nur zu verführerisch gewesen, sich wieder dem deutschen Publikum zuzuwenden, das in jener Zeit vielleicht dankbarer gewesen wäre. Doch das kam für sie nicht in Frage. Außerdem hatte sie ihren Vertrag noch nicht erfüllt, so dass die Paramount sie nun mit anderen Regisseuren arbeiten ließ: Mit Richard Boleslawski drehte sie *The Garden of Allah* (1936), mit Lubitsch und Frank Borzage *Desire* (*Sehnsucht*, 1936)

Mother figure to the emigrés
When Marlene left Berlin in 1934 she effectively went into exile and did not return to Germany for over a decade. After the failure of *The Scarlet Empress* she started filming *The Devil is a Woman*, in which she played an arrogant Spanish dancer. It was the last time she was to work with von Sternberg and their relationship on set was very tense. Despite the wonderful costumes and fine direction when the film was released in 1935 it

91

und *Angel* (*Engel*, 1937), mit Jacques Feyder *Knight without Armour* (*Tatjana*, 1936/37). Mit Ausnahme von *Desire* waren die Filme keine großen Erfolge – die Gesellschaftskomödie *Angel* wurde erst später zum beliebten Klassiker –, immerhin holten andere Regisseure die Dietrich vom sterilen Glamour-Himmel herunter, in den Sternberg sein unnahbares Geschöpf gehoben hatte. Sie wurde wieder eine elegante Frau aus Fleisch und Blut, in der sich auch die Amerikanerinnen wieder erkennen konnten. Zugleich wuchsen auch ihre Gagen. 200 000 Dollar soll sie für den längst vergessenen *The Garden of Allah* bekommen haben, den sie bei 40 Grad Hitze in der Wüste von Arizona drehte, und bei *Knight without Armour*, der von Alexander Korda in England produziert wurde, galt sie mit 450 000 Dollar sogar als höchstbezahlte Frau der Welt. Das Geld konnte sie gut gebrauchen. Sie bestritt damit nicht nur ihren Bedarf an Luxusartikeln, sie unterstützte auch zahlreiche Emigranten, die nach und nach in Hollywood eintrafen, beziehungsweise ermöglichte ihnen überhaupt erst die Flucht aus Nazi-Deutschland. Um in die Vereinigten Staaten einreisen zu können, brauchten die Flüchtlinge nicht nur einen gültigen Reisepass, sondern auch ein Einwanderungsvisum. Um dies zu bekommen, bedurfte es entweder eines Arbeitsvertrags oder einer Bürgschaft. Ein in den USA Lebender musste sich dazu bereit erklären, notfalls für ihren Lebensunterhalt aufzukommen oder sich zumindest glaubhaft für ihren Charakter und Gesinnung verbürgen. Derartige Bürgschaften hat Marlene wie andere ihrer Kollegen selbstverständlich übernommen. Darüber hinaus hat sie sich geradezu mütterlich der Emigranten angenommen. Da sie zu ihrer Entspannung gern kochte, lud sie die Berliner Kolonie in Hollywood häufig zu Biersuppe, Knödeln oder »Himmel und Erde« ein und genoss den Ruf, eine ausgezeichnete Köchin zu sein. »Ich glaube, auf diesen Ruhmestitel war ich stolzer als auf das ›legendäre Bild‹, das so eifrig vom Studio errichtet wurde«, behauptet sie in ihren Memoiren. Bezeichnenderweise bekannte sie sich am Herd ganz klar zu ihrer deutschen Herkunft. Persönlich schätzte sie zwar die russische und österreichische Küche besonders, aber die Gerichte, die sie hier

was a flop. Marlene was still under contract with Paramount and for the next two years she worked with other directors and made four further films of which only *Desire* could be described as a box office hit although *Angel* was later a classic. Her popularity with the American public increased as her glamorous image became less sterile and with the $ 450,000 she received for *Knight without Armour*, Marlene had become the highest paid woman in the world. She used the money not only on luxuries for

kochte, sollten den Emigranten auch ein Stück der verlorenen Heimat ersetzen und ihr vielleicht auch selber über gelegentliches Heimweh hinweg helfen. »Zusammen hielten sie ihre Kultur durch den Verzehr von eingelegtem Hering, Sauerkraut und Leberwurst hoch«, beschreibt Maria Riva die Zusammenkünfte der Deutschen in Hollywood. »Sie bewunderten die Nibelungen oder lehnten sie ab, sehnten sich nach Akkordeonspielern, richtigem Kaffee und Lagerbier, lasen dieselben Zeitungen und hatten dieselben Englischlehrer.«

Die Deutschen und übrigen Europäer im Exil fanden in Hollywood immer wieder zusammen. Von einer solchen »Oase des verlorenen Europa« berichtet auch Curt Siodmak in seinen Erinnerungen: Es war das Haus von Salka Viertel. Hier fand er sich »in einem Raum mit Greta Garbo, Thomas und Heinrich Mann, Carl Zuckmayer und anderen hochberühmten« Persönlichkeiten. Erwin Piscator und Fritz Kortner waren ebenfalls anwesend, um einer musikalischen Soiree beizuwohnen. Schließlich erschien Marlene Dietrich im Haus in der Maybery Road in Santa Monica in ihren »Männerhosen« und beeindruckte damit die Gesellschaft.

Während Marlene beträchtliche Summen in die neue Existenz der Zugereisten investierte, stand es um ihr eigenes Auskommen bald nicht mehr zum Besten. Als sie die vier Filme ohne von Sternberg abgedreht hatte, bekam sie keinen neuen Auftrag und es sollten zwei Jahre vergehen, bis sie wieder vor der Kamera stand. Wieder ging sie nach Europa, das nun eine Art berufliches Exil wurde, so wie die USA ihr politisches geworden waren. »Zuerst fuhr ich nach Paris, wo mein Mann arbeitete, und verbrachte zwei Wochen im Hotel ›Plaza Athénee‹. Wir regelten alle unsere Probleme, genossen ausgiebig die französische Küche und beschlossen dann, in den Süden zu fahren.« Schon lange bevor sie abreiste, hatte sie in weiser Voraussicht die amerikanische Staatsbürgerschaft beantragt. Am 6. März 1937 schwor sie in Los Angeles vor dem Einwanderungsbeamten George Ruperich auf die amerikanische Flagge und Verfassung und machte sich in dem Dokument gleich drei Jahre jünger.

herself but also to support the growing Hollywood colony of refugees from Nazi Germany. She helped many to gain immigration visas and then held frequent soirées where she enjoyed preparing German dishes and creating a homely atmosphere.
Meanwhile in March 1937 Marlene applied for American citizenship.
There were no more offers of work in Hollywood so she went to Europe, met up with Rudi in Paris and visited her daughter, who was in boarding

Doch die Vereinigten Staaten nahmen sich Zeit, um die potentiellen Staatsbürger auf Herz und Niere zu prüfen. Im Fall der Dietrich vergingen mehr als zwei Jahre, bis sie die Einbürgerungsurkunde erhielt. Währenddessen hielt sie sich neben den USA häufig in Frankreich, Österreich, Italien und der Schweiz auf, wo Maria ein Internat besuchte.

Aber zunächst traf sie in Venedig ihren Ehemann in Gesellschaft von anderen Emigranten, die sich regelmäßig im »Hotel des Bains« am Lido versammelten. Mit dabei waren Josef von Sternberg sowie Erich Maria Remarque, der nun ihr Liebhaber wurde. Mit ihm zog sie weiter nach Paris und an die Côte d'Azur, wo sie Bekannte und Freunde um sich scharte.

Währenddessen unternahmen die Nazis immer wieder Versuche, die Emigrantin zurück zu holen. Da sie um Deutschland einen Bogen machte, schickten sie ihr Gesandte ins europäische Ausland nach. Schon als Marlene zu den Dreharbeiten von *Knight without Armour* in England war, hatte Goebbels einen Vertreter nach London geschickt, der das Anliegen des Propagandaministers vortrug. Nun nutzten sie die Gelegenheit, dass Marlene in der deutschen Botschaft von Paris ihren Pass verlängern musste, um die amerikanische Staatsbürgerschaft entgegennehmen zu können. »Ich stürzte mich also in die Höhle des Löwen, in diesem Fall des Grafen von Welczeck, Botschafter von Hitler-Deutschland in Frankreich«, schreibt sie rückblickend über die Begebenheit. »Der Botschafter erklärte, die Verlängerung meines Passes werde ohne weiteres bewilligt, und fügte dann hinzu, er habe mir noch eine spezielle Botschaft zu übermitteln. Ich solle nach Deutschland zurückkehren und nicht versuchen, amerikanische Staatsbürgerin zu werden. Als Anreiz versprach er mit einen ›triumphalen Einzug in Berlin durch das Brandenburger Tor‹.« Natürlich kam das für sie nicht in Frage: »Meine Antwort auf das Angebot des Hitler-Regimes, nach Berlin zurückzukehren und ›Königin‹ des deutschen Films zu werden, ist bekannt. Nicht bekannt dagegen ist im allgemeinen, auf welche – ja geradezu sadistische Weise ich mein Spiel mit den Nazis trieb.« Sie gab dem Diplomaten eine »diplomatische« Antwort: Sie stünde noch bei von

school in Switzerland. She then travelled to Venice to join the set of emigrés who regularly met up at the Hotel des Bains and started an affair with Erich Maria Remarque which continued in Paris and on the Cote d'Azur. The Nazis had not given up trying to persuade Marlene to return to Germany and whilst she was in Paris they sent a diplomat to tempt her back with a "triumphant entry through the Brandenburg Gate". Marlene cleverly avoided the issue by claiming that she was under contractual

Sternberg unter Vertrag, wäre jedoch überglücklich, in Deutschland einen Film unter dessen Regie drehen zu können. »Eisiges Schweigen folgte, dann warf ich ein: ›Verstehe ich recht, dass Sie es Herrn von Sternberg verwehren, in Ihrem Land (ich sagte ›Ihrem Land‹) einen Film zu drehen, weil er Jude ist?‹« Als man daraufhin erwiderte, sie sei bloß von der amerikanischen Propaganda infiziert, es gäbe keinen Antisemitismus in Deutschland, antwortete sie: »Nun, dann ist ja alles in bester Ordnung. Ich werde das Ergebnis Ihrer Verhandlungen mit meinem Regisseur abwarten und hoffe, dass die deutsche Presse einen anderen Ton gegenüber Herrn von Sternberg und mir anschlagen wird.« Vielleicht war tatsächlich etwas Sadismus mit dabei. Aber man darf nicht vergessen, dass einerseits die amerikanische Staatsbürgerschaft auf dem Spiel stand, andererseits Marlenes Mutter und Schwester in Deutschland lebten. Möglicherweise wären sie Repressalien seitens der Nazis ausgeliefert gewesen, wenn sie deren Repräsentanten allzu sehr brüskiert hätte.

Dass man ihre Antwort in Paris ernst nahm, zeigt ein Tagebucheintrag von Joseph Goebbels vom 7. November 1937: »Marlene Dietrich hat in Paris in unserer Botschaft eine formelle Erklärung gegen ihre Verleumder abgegeben mit Betonung, dass sie Deutsche sei und bleiben wolle. Sie soll auch bei Hilpert im Deutschen Theater auftreten. Ich werde sie nun in Schutz nehmen«, heißt es da. Offensichtlich hatte er sogar Heinz Hilpert, den Marlene noch aus ihrer Berliner Zeit kannte und der jetzt Intendant des Deutschen Theaters war, nach Paris geschickt, um die Zusammenarbeit mit der Dietrich zu konkretisieren. Dabei scheint diese noch einmal vertragliche Verpflichtungen ins Spiel gebracht zu haben, so dass sie nicht gleich abkömmlich sei. Außerdem hatte sie ja zur Bedingung gemacht, dass die deutschen Medien ihre Hetzkampagne einstellen. Deswegen nimmt sich Goebbels in seinem Tagebuch am 19. November 1937 vor: »Ich lasse sie in der Presse rehabilitieren.«

obligations and that she would have to bring the Jewish von Sternberg with her. She also insisted that the German press stopped their campaign against her. However, she had to be careful because she needed the Nazis to renew her passport and also wanted to protect her mother and sister.

Der deutsche Film ohne Marlene

Verteidigen wollte er auch eine andere deutsche Filmschaffende. Einige Monate vor dem Eintrag zu Marlene hatte er am 16. Juli 1937 notiert: »Auslandspresse bringt eine gemeine Anpöbelung gegen Leni Riefenstahl und mich. Ich gebe ein sehr scharfes Dementi heraus …«

In Deutschland erreichte Leni Riefenstahl nach der Uraufführung der Olympiafilme 1938 den Höhepunkt ihres Ruhms. Sie wurde von Goebbels Ministerium unterstützt, konnte unter besten Bedingungen arbeiten. Darüber hinaus sollte sie Hitler zufolge Anführerin des deutschen Films werden – eine Rolle, die man auch schon Marlene angetragen hatte.

Die Olympiafilme, *Fest der Völker* und *Fest der Schönheit*, die die Regisseurin bei den Spielen in Berlin 1936 gedreht hatte, wurden auch im Ausland zum Teil begeistert aufgenommen, in manchen Ländern aber auf Grund der politischen Umstände, unter denen sie entstanden waren, in Frage gestellt. Sie waren ihr drittes bedeutendes Werk, nachdem sie 1932 mit *Das blaue Licht* als Regisseurin debütierte. Bevor sie hinter der Kamera arbeitete, hatte sie eine Tanzausbildung absolviert, auch erste Erfolge als Tänzerin, musste diese Karriere allerdings wegen einer chronischen Knieverletzung abbrechen und schlug daraufhin die Laufbahn einer Filmschauspielerin ein. Dabei lag ihre Begabung weniger auf darstellerischem Gebiet – sie nahm auch keinen Schauspielunterricht – als vielmehr auf dem sportlichen, das sie zur Mitwirkung in Bergfilmen wie *Die weiße Hölle von Piz Palü* prädestinierte. Mit ungeheurem Mut und großer Disziplin bewältigte sie unter dem Regisseur Arnold Fanck Szenen, in denen sie mit nackten Füßen eine Felswand erklimmen oder ungesichert über eine Gletscherspalte balancieren musste. Erst auf dem Umweg über diese Arbeit entdeckte sie die Faszination des Filmemachens und ließ sich in dessen Geheimnisse einweihen. In *Das blaue Licht* spielt sie noch selber die tragische Hauptrolle, um anschließend ganz ins Regiefach über zu wechseln. Die ästhetischen Neuerungen, die *Das Blaue Licht* aufweist, gaben aber schon

German cinema without Marlene
Goebbels decided to "rehabilitate" Marlene but he was also concerned with the attacks in the foreign press on Leni Riefenstahl, the gifted German director whose films were an important part of the Nazi propaganda machine. Her reputation had been made with *Triumph of the Will*, a stunning screen portrayal of Nazi ideology and her filming of the 1936 Olympic Games in Berlin had shot her to further stardom and controversy.

96

zu großen Hoffnungen Anlass und brachten sie für bedeutende Aufgaben ins Gespräch. Hitler, den sie auf eigenen Wunsch vor der Machtergreifung kennen gelernt hatte und den sie bewunderte, beauftragte sie schon bald darauf mit den Parteitagsfilmen *Der Sieg des Glaubens* und *Triumph des Willens*. Auch diese Arbeiten beeindruckten durch ungewöhnliche Perspektiven und Kameraeinstellungen.

Dass sich Leni Riefenstahl dabei von den Nazis für deren Propagandazwecke instrumentalisieren ließ, mag ihr nicht bewusst gewesen sein. Doch war ihr Werk unzweifelhaft die perfekte Übersetzung der nationalsozialistischen Ideologie in die Sprache des Films.

Vielleicht wäre alles anders gekommen, wenn sie ihre schauspielerische Karriere fortgesetzt hätte. Vielleicht wäre sie wie Marlene in Hollywood gelandet. Überhaupt lag das Schicksal der beiden gegensätzlichen Frauen zeitweise so dicht beieinander, dass sie fast die Rollen hätten tauschen können. Sie sind sich mehrfach in Berlin begegnet, und ihre Lebensläufe weisen viele Parallelen auf: Abgesehen von ihrem Rufnamen – Marlene nannte sich in ihrer Kindheit ebenfalls Lena oder Leni, wie erhaltene Schulhefte beweisen – sind sie nur kurze Zeit hintereinander geboren, Marlene ist kaum ein Jahr älter als die im August 1902 geborene Riefenstahl. Gemeinsam ist ihnen weiter, dass sie im Elternhaus für ihre Künstler-Karriere kämpfen mussten und erst auf Umwegen über die Musik beziehungsweise den Tanz zum Film kamen. Danach hatte die eine ihren Durchbruch mit dem *Blauen Engel*, die andere zwei Jahre später mit dem *Blauen Licht*. Darüber hinaus wohnten sie in Berlin-Wilmersdorf zeitweise so nah beieinander, dass Leni Riefenstahl von ihrem Fenster aus in die Wohnung der Dietrich in der Kaiserallee 54 Ecke Hildegardstraße blicken konnte, wie sie selber schreibt: »Der Zufall wollte es, dass Marlene im gleichen Häuserblock wie ich wohnte, die Eingangstür zu ihrem Haus lag in der Hildegardstraße, parallel zur Hindenburgstraße. Ich wohnte im fünften Stock und Marlene im dritten. Von meinem zum Hof gelegenen Dachgarten konnte ich ihr in die Fenster schauen.«

Many fascinating parallels exist between Dietrich and Riefenstahl. They were born within a year of each other, grew up in "non-artistic" families and Marlene was also called "Leni" as a girl. They both ended up in film careers via music or dance and Leni Riefenstahls's first film was *The Blue Light* as opposed to *The Blue Angel*. They both knew how to deal with men and worked with tremendous discipline. At one time they lived almost opposite each other and mixed with the same people. They might have

Beide Frauen verstanden es, sich in der Männerwelt zu behaupten, beide arbeiteten mit ungeheurer Disziplin und verfolgten ihre Ziele mit solcher Vehemenz, dass – zumindest zeitweise – der Titel von Leni Riefenstahls Film *Triumph des Willens* als Motto über beider Leben stehen könnte. Zu alledem sind sie zum Teil den selben Menschen begegnet. Beide kannten zum Beispiel Erich Maria Remarque oder den Kameramann Hans Schneeberger, mit dem Leni Riefenstahl zeitweise eng befreundet war und der auch beim *Blauen Engel* mitgearbeitet hatte. Und vor allem kannten beide Josef von Sternberg. Leni Riefenstahl hatte ihn aufgesucht, nachdem sie in Berlin seinen Film *The Docks of New York* gesehen hatte. Daraufhin, heißt es in ihren Memoiren, hätten sie sich angefreundet. Marlene sei sogar eifersüchtig auf sie gewesen. Als die Riefenstahl einmal zu den Dreharbeiten am *Blauen Engel* in die Ufa-Studios kam, hätte die Dietrich von Sternberg eine Szene gemacht und gedroht, ihre Rolle hinzuschmeißen, wenn die vermeintliche Rivalin noch einmal zum Set käme. Als der Österreicher Ende Januar 1930 mit Leni Riefenstahl zum Berliner Presseball gehen wollte, habe Marlene sogar mit Selbstmord gedroht. Ob daran etwas Wahres ist, lässt sich schwer nachprüfen. Erhalten geblieben ist einzig das Foto von Alfred Eisenstaedt, das die beiden Frauen auf dem Berliner Presseball zusammen mit Anna May Wong zeigt.

Laut Leni Riefenstahl soll von Sternberg auch ihr vorgeschlagen haben, mit nach Hollywood zu kommen: »›Du bist sehr gut‹, sagte er, ›ich könnte aus dir einen großen Star machen. Komm mit mir nach Hollywood! (…) Du bist das absolute Gegenteil von Marlene‹, fuhr Sternberg fort, ›Ihr seid ungewöhnliche Geschöpfe, und so, wie ich Marlene verzaubern werde, würde ich auch dich verzaubern. Du bist ja noch gar nicht entdeckt …‹«, schreibt Leni Riefenstahl in ihren Lebenserinnerungen. Sie habe das Angebot nur deshalb abgelehnt, weil sie emotional noch an den Kameramann Hans Schneeberger gebunden war, hätte aber versprochen, nach den Dreharbeiten zu *SOS-Eisberg* zu kommen. »Dass ich damals mit Sternberg nicht nach Amerika gegangen bin, habe ich nach Kriegsende oft bereut«, meint sie heute.

become friends if there had not been rivalry between them over von Sternberg who also invited Leni Riefenstahl to Hollywood where he promised to make her a star. Her relationship with a camera-man prevented her going, a decision which she regretted after the war. One can only speculate on what actually determined the path taken by each of the two German stars. Was it coincidence, instinct or the right advice? Or perhaps they were both simply driven by artistic ambition and later had to pay a price.

Man kann nur darüber spekulieren, was passiert wäre, wenn sie sich damals anders entschieden hätte. Wenn Leni Riefenstahl auf Josef von Sternberg gehört hätte und nach Hollywood gegangen wäre (falls tatsächlich diese Möglichkeit für sie bestand) und wenn Marlene nicht von Rudi davon abgehalten worden wäre, 1933 nach Deutschland zu reisen. Sind es bloße Zufälle, die die beiden Frauen auf ihren jeweiligen Weg brachten? Hatte die eine einfach den richtigen Instinkt? Den richtigen Berater? Oder haben sich beide schlicht und einfach mit dem Land arrangiert, das ihnen die jeweils besseren Arbeitsbedingungen bot? Tatsache ist, dass beide in ihren Entscheidungen frei waren und später die Konsequenzen für ihr Handeln tragen mussten.

Während Leni Riefenstahl in Nazi-Deutschland eine führende Rolle unter den Regisseuren der dreißiger Jahre einnahm, hat Marlene hier eine Lücke hinterlassen, die erst mit der Zeit geschlossen wurde. Bei den weiblichen Darstellern war der Bedarf größer als bei den männlichen, wo es viele gute Kräfte gab – von Emil Jannings über Hans Albers, Gustav Fröhlich und Heinrich George bis Gustaf Gründgens. Später kamen auch neue Talente wie Theo Lingen, Gustav Knuth und Heinz Rühmann hinzu. Zwar gab es populäre Schauspielerinnen wie Lil Dagover oder Käthe Dorsch, aber zugkräftige Stars mussten zum Teil auch aus dem Ausland importiert werden. Zu den beliebten Exotinnen auf der Leinwand gehören die Polin Pola Negri, die bereits 1919 mit Ernst Lubtisch gearbeitet hatte, die Ungarin Marika Rökk und die Tschechin Lida Baarova, die mit dem Propagandaminister eine Liaison hatte, die Hitler 1938 durch seine persönliche Intervention beendete.

Keine dieser Frauen konnte aber die Dietrich so gut ersetzen wie Zarah Leander. Die rothaarige Schwedin mit der tiefen Stimme hatte am ehesten das Zeug dazu, den deutschen Film mit einem Hauch Glamour zu veredeln. Nachdem sie Mitte der dreißiger Jahre nach Deutschland gekommen war, wurde sie in ähnlicher Weise als Diva des Dritten Reichs aufgebaut, wie die Paramount auf der anderen Seite des Atlantik aus Marlene einen Hollywoodstar gemacht hatte. Auch Zarah Leander gab die unnahbare Femme fatale,

Whilst in the Thirties Leni Reifenstahl became a top director in the German film industry there were few female stars to replace the gap left by Marlene Dietrich. The only real "Diva" was the red-haired Zarah Leander from Sweden who had the same femme fatale quality as Dietrich and was paid huge fees for her films. She was also a singer and entertained the German troops but unlike Marlene, she was not politically motivated and returned to Sweden during the war.

konnte zugleich aber auch aufopfernd und leidensfähig sein und musste in den Filmen für ihre Leidenschaft oft einen hohen Preis zahlen. Bezeichnenderweise hatte auch sie einst mit Klavier-, Geigen- und Gesangsunterricht begonnen, war schauspielerisch nicht sonderlich begabt und immer dann am überzeugendsten, wenn sie – wie Marlene – den Revuestar spielte. Im Übrigen war sie der höchstbezahlte weibliche Star im Dritten Reich, das ihr ebenso wie Leni Riefenstahl beste Arbeitsbedingungen bot. Ihr größten Filmerfolge waren der 1937 gedrehte Streifen *Heimat*, *La Habanera* und vor allem *Die große Liebe* von 1942. 9,2 Millionen Reichsmark spielte das Melodram ein, für das die Leander eine Gage von 400 000 Reichsmark bekam. Eine weitere Parallele zu Marlene Dietrich ist – abgesehen von der späteren Karriere als Sängerin –, dass sie ihre Stimme und Popularität in den Dienst politischer Zwecke stellte. Sie half bei Sammlungen für das Winterhilfswerk, sang vor Wehrmachtssoldaten und machte bei der Truppenbetreuung mit. Songs wie »Ich weiß, es wird einmal ein Wunder geschehn« oder »Davon geht die Welt nicht unter« wurden zu so genannten Durchhalteliedern, die den Deutschen während der Kriegsjahre Mut machen sollten. Aber anders als Marlene engagierte sich Zarah Leander nicht aus Überzeugung. Sie gab vor, unpolitisch zu sein, ließ sich von den Nazis für deren Zwecke instrumentalisieren und setzte sich, als ihr der Krieg zu gefährlich wurde, nach Schweden ab.

Während die Leander mit *La Habanera* Erfolge feierte und Goebbels von ihrem Propagandawert überzeugte, machte Marlene eine zweijährige Krise durch. Ihren letzten Film, *Angel*, hatte sie 1937 beendet, danach wartete sie vergeblich auf neue Aufträge. Obendrein veröffentlichte die Vereinigung der unabhängigen Kinobesitzer der USA im Mai 1938 Anzeigen in den Zeitungen, in denen sie Marlene, Greta Garbo, Katherine Hepburn und andere Filmschauspielerinnen als »Kassengift« bezeichneten. Nach dieser wenig schmeichelhaften Medienattacke entließ Paramount seinen Star mit einer Abfindung aus seinem Vertrag, so dass dessen Hollywoodkarriere ein vorläufiges Ende erreichte. »Zu welcher Welt gehöre ich? Bin ich ein schlechter Star, ein erle-

Whilst Zarah Leander was enjoying success in Germany, Marlene's film career was still in crisis. In May 1938 the independent cinemas in America had classed Marlene, Greta Garbo and Katherine Hepburn as "box office poison" and Paramount had terminated her contract. In desperation she decided to pack her cases and join her rich friends in Europe. She returned two years later on June 9th 1939 to receive American citizenship. Marlene later wrote that she was grateful to the country which had given

digter Star oder einfach eine Null«, fragte sich Marlene. »Ich packte also meine Siebensachen und kehrte zu meinem Mann und meinen Freunden nach Europa zurück. Zu sagen, ich sei verzweifelt gewesen, wäre übertrieben. Im Grunde war Hollywood mir vollkommen egal. Ich war hilflos, brauchte einen guten Rat, jemanden, der mich an die Hand nahm ...«

Wieder ging sie nach Europa. Ob sie jemanden fand, der sie an die Hand nahm, ist fraglich. Dafür vergnügte sie sich in Paris, Österreich und Cap d'Antibes in Frankreich mit Erich Maria Remarque, der Kennedy-Familie und anderen Freunden. Erst im Jahr darauf reiste sie wieder in die USA, um am 9. Juni 1939 ihre Einbürgerungsurkunde entgegenzunehmen. »Ich bin als Deutsche geboren, und ich werde stets Deutsche bleiben, ganz gleich, was auch immer behauptet worden ist. Ich musste meine Staatsangehörigkeit wechseln, als Hitler an die Macht kam. Andernfalls hätte ich das nie getan«, kommentierte sie später diesen Schritt. »Amerika hat mich in seinen Schoß aufgenommen, als ich kein Vaterland mehr hatte, das dieses Namens würdig war, und ich bin ihm dankbar dafür. Ich habe in diesem Land gelebt, habe seine Gesetze anerkannt. Ich bin eine gute Staatsbürgerin geworden, aber im Grunde meines Herzens bin ich Deutsche.«

Comeback als Amerikanerin

Obwohl sie nun vollwertige Amerikanerin war, hielt es sie im Frühsommer 1939 nicht allzu lange in ihrer Wahlheimat. Noch immer war kein neues Filmprojekt in Sicht und sie schiffte sich gleich wieder nach Frankreich ein. Noch einmal verbrachte sie einen Sommer an der Côte d'Azur, während die Lage in Deutschland immer bedrohlicher wurde. Sie genoss die Zeit in vollen Zügen, vielleicht weil sie ahnte, dass dies bald nicht mehr möglich sein würde: »Wir verbrachten also herrliche Ferien«, erinnert sie sich. »Die Familie Kennedy war da, und wir lebten wirklich in einem Paradies. Meine Tochter schwamm

her refuge from the Nazis but that in her heart she always remained a German.

Come-back as an American
Although she was now an American, Marlene did not stay in her new homeland for long. There were no more offers of work on the horizon so she set off for Europe again and spent the summer of 1939 enjoying the

mit Jack Kennedy zur nahegelegenen Insel ... Zum Abendessen waren sie zurück, glücklich, durchnässt, freudestrahlend. Was für ein Sommer! Wir wussten nicht, dass es der letzte sein sollte. Wir wussten nicht, dass er plötzlich zu Ende sein würde, mit Tränen und drohender Gefahr.« Erst später würde sie begreifen, dass man »Vergnügen nicht auf Vorrat« tanken kann.

Bevor es allerdings soweit war, erhielt sie einen Anruf aus Hollywood. Der Ungar Joe Pasternak, der ebenfalls früher in Berlin gearbeitet hatte und jetzt Produzent bei der Universal war, schlug ihr vor, einen Western zu drehen. Sie lehnte entrüstet ab. Der unnahbare Star als Cowboy-Lady? Das war ganz und gar nicht ihr Stil. Aber nach reiflicher Überlegung und vor allem auf Zureden von Rudolf Sieber und Joseph Kennedy, der damals amerikanischer Botschafter in London war, entschloss sie sich doch, das Angebot anzunehmen. Vieles sprach dafür. Zum einen hatte sich ihr Vermögen bei dem aufwändigen Lebensstil in Europa nicht gerade vermehrt und verlockendere Aufträge waren nicht in Sicht. Zum anderen war es für die frisch gebackene Amerikanerin auch nicht ganz unwichtig, in ihrem Exilland eine gewisse Präsenz zu zeigen. Wie weise es war, Joe Pasternaks Angebot anzunehmen, verdeutlichen aber noch zwei andere Umstände: Die Arbeit für die Universal Studios führte sie, Maria und ihren Ehemann, der ebenfalls in die Arbeit einbezogen wurde, rechtzeitig zu Beginn des Zweiten Weltkriegs in ein sicheres Land. Und der Film *Destry Rides Again (Der große Bluff)* brachte zugleich ihre Karriere wieder auf ein sicheres Gleis. Gerade das für sie neue Genre des Westerns sollte Ende 1939 ihr erfolgreiches Comeback in Hollywood einleiten.

Noch während der Überfahrt nach New York erhielt Marlene die Nachricht, dass Hitler in Polen eingefallen sei. Dass Europa schlimmen Zeiten entgegen ging, kündigte sich schon auf dem Schiff an: »Die ›Queen Mary‹, dieser Inbegriff der alten Herrlichkeit des British Empire, ähnelte einer enttäuschten Gastgeberin, deren Party nicht mehr recht in Schwung kommen will. Es spielte weder eine Musikkapelle, noch herrschte frohe Ausgelassenheit; statt dessen liefen Hunderte von Passagieren mit angespannten Gesichtern und

Cote d'Azur whilst the situation in Germany became increasingly threatening. During her idyllic holiday she received a phone call from Hollywood asking her to make a Western for Universal. At first she could not see herself as a saloon-girl in a cowboy film but on the advice of her husband and Joseph Kennedy she accepted the part in *Destry Rides Again* and thus assured her family's financial security and her Hollywood comeback. During the voyage to New York on the *Queen Mary*, which soon afterwards

besorgten Mienen umher«, schreibt Maria Riva, die ihrer Mutter kurze Zeit später in die Vereinigten Staaten folgte. »Mein Vater berichtete mir, das Wasser des Swimmingpools sei abgelassen worden, um dort Feldbetten aufzustellen … Es sollte die letzte Überfahrt der Queen Mary als Luxusdampfer bis nach dem Krieg sein. Gleich nach ihrer Ankunft in Amerika wurde sie grau angestrichen und als Truppentransportschiff eingesetzt.« Während sich Leni Riefenstahl an die polnische Front meldete – und sich gleich wieder angeekelt von einem Zwischenfall mit Wehrmachtssoldaten, die Juden erschossen, vom Krieg verabschiedete – spielte die Dietrich an der Seite von James Stewart das kesse Saloon-Girl Frenchy. Nach den distanzierten Rollen bei von Sternberg und Lubitsch erscheint plötzlich eine handfeste Marlene auf der Leinwand, die provozierend sexy ist, sich zwischendurch mit ihrer Rivalin prügelt und die Männer mit ihren frechen Liedern in den Bann zieht. Jetzt, wo sie auf die 40 zuging, war sie wieder das Tingeltangel-Mädchen, als das sie ihre Karriere begonnen hatte. Sie spielte die Rolle gekonnt und blieb den Amerikanern noch lange im Gedächtnis. »Es machte Spaß, den Film zu drehen, und wir freuten uns alle sehr über seinen großen Erfolg«, erinnert sich die Dietrich. »Joe Pasternak war besonders glücklich darüber, denn er hatte die Filmindustrie herausgefordert und sah seine Bemühungen belohnt.« An *Destry Rides Again*, den Marlene im Herbst mit dem Regisseur George Marshall drehte und der im November 1939 Premiere hatte, konnte sie nicht nur mit einer Reihe von Filmen des selben Genres anknüpfen. Auch das von Friedrich Hollaender komponierte Lied »See What the Boys in the Backroom Will Have« war ähnlich erfolgreich wie »Ich bin von Kopf bis Fuß auf Liebe eingestellt«. Sie sollte es nicht mehr aus ihrem Repertoire streichen. Es begleitete sie sowohl bei der Betreuung amerikanischer Truppen als auch bei unzähligen späteren Konzerten.

Nach *Destry Rides Again* drehte Marlene bis 1942 gleich sechs Filme in rascher Abfolge: *Seven Sinners (Das Haus der sieben Sünden)*, wo sie in Marineuniform zusammen mit John Wayne – und ihrer berühmten singenden Säge –

became a troop ship, Marlene heard the news that Hitler had marched into Poland. While Leni Riefenstahl volunteered for a short time for the Polish front Marlene threw herself into her new role opposite James Stewart and then made six further films in quick succession. They were all superficial escapism but now that America had entered the war Marlene wanted not only to ensure her popularity with the American public but make her antifascist stand clear.

Mit dem Western *Destry Rides Again* gelang Marlene ihr erstes Comeback (1939).
Marlene made her first comeback in the Western Destry Rides Again *(1939).*

brilliert, *The Flame of New Orleans (Die Abenteuerin)* von René Clair, *Manpower (Herzen in Flammen)*, wo sie wieder ein Barmädchen ist, *The Lady is Willing*, *The Spoilers (Die Freibeuterin)* und schließlich *Pittsburg*. Die Handlung der einzelnen Filme wird immer oberflächlicher, mit viel Songs aufgelockert – es ist genau die leichte Kost, die das Publikum in Kriegszeiten zu sehen wünschte und die auch in Nazi-Deutschland mit Stars wie Zarah Leander produziert wurde. Ob diese Filme nach dem Geschmack der Dietrich waren, ist fraglich, doch sie erfüllte ihre Verträge mit immer größerer Professionalität und preußischer Disziplin – bis sie darin keinen Sinn mehr sah. Angesichts der Tatsache, dass auch Japan den USA im Dezember 1941 den Krieg erklärte, konnte sie nicht weiter in der künstlichen Welt der Studios verharren. »Lange schon hatte ich

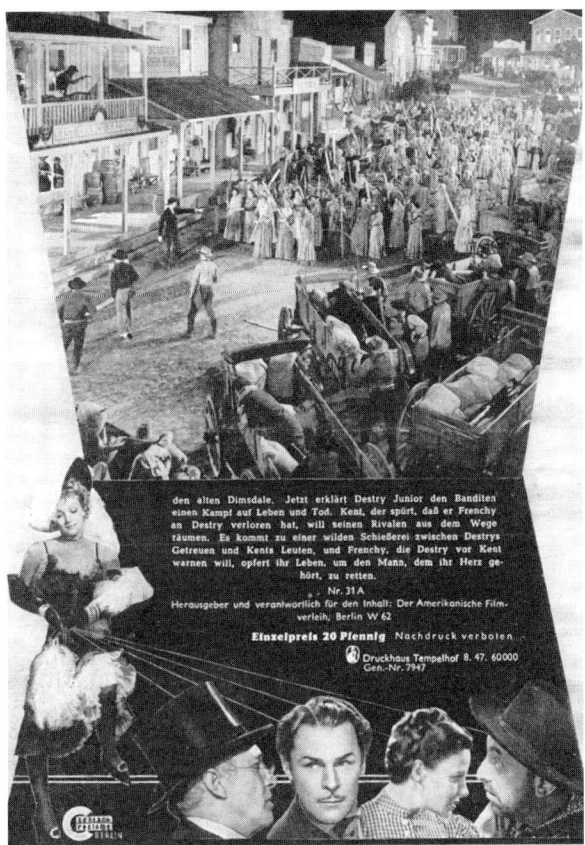

überlegt, was ich tun würde, wenn Amerika in den Krieg einträte«, schreibt
Marlene später. »Ich war gut informiert und kannte meine Pflicht. Natürlich
brauchte ich Geld, wie immer und sogar mehr als sonst (ihre Gagen waren inzwischen niedriger als Mitte der dreißiger Jahre, U.W.). Ich hatte Zeit, noch
einen Film zu machen und tat das auch. Aber währenddessen bereitete ich
mich schon auf meine Abreise und einen langen Aufenthalt im Ausland vor –
solange wie der Krieg dauern würde.«

»Der Gedanke an die Sicherheit ihrer Mutter wäre Grund genug gewesen, sich diskret vom Krieg fernzuhalten und eskapistische Unterhaltung zu
produzieren, was viele in Hollywood auch taten (darunter ein künftiger Präsident der Vereinigten Staaten). Doch Marlenes Liebe zu Deutschland und ihr
Hass auf das Dritte Reich zwangen sie, weniger pragmatisch vorzugehen und
mehr zu wagen: Um jeden Preis wollte sie dazu beitragen, dem Krieg und dem

Reich so bald wie möglich ein Ende zu bereiten«, ist Steven Bach überzeugt. Möglicherweise gab es auch noch ein anderes Motiv für ihr Engagement: Jean Gabin, der große französische Filmschauspieler, den sie in Paris kennen und lieben gelernt hatte. Nach der Besetzung Frankreichs durch die Nazis war auch er zur Emigration gezwungen und folgte Marlene, um in Hollywood zu arbeiten. Dass sie sich für seine Aufenthaltsgenehmigung einsetzte, machte sie offensichtlich beim FBI suspekt. Man spekulierte, sie könne eine Spionin sein. Da war es für Marlene Dietrich sinnvoll, durch entschiedenes politisches Engagement jeden Zweifel an ihrer Integrität aus dem Weg zu räumen.

Die Antifaschistin an der Front

Zunächst wurde sie für das Hollywood Victory Committee tätig, das am Tag der Kriegserklärung Japans an Amerika gegründet worden war. Wie andere Stars und übrigens auch ihre Tochter Maria, die inzwischen eine Schauspielerkarriere begonnen hatte, machte sie im Radio Werbung für den Verkauf amerikanischer Kriegsanleihen. Dann tourte sie fast zwei Jahre lang durch das ganze Land und tingelte sogar durch zwielichtige Bars, um Geld für die gute Sache einzutreiben. »Unsere Tourneen waren anstrengend. Sechs bis acht Auftritte am Tag und manchmal auch noch einige am Abend. Ich musste in die Fabriken gehen und die Arbeiter auffordern, einen gewissen Prozentsatz ihres Lohnes dem Staat zu geben ... Ich brachte eine Million Dollar zusammen«, berichtet Marlene in ihren Erinnerungen. »Ich arbeitete auch am Abend, in Nachtklubs, in denen ich mich mit dem Eifer eines Handelsvertreters und angespornt von meinen Leibwächter aus dem Finanzministerium an ein halb betrunkenes Publikum wandte. Auf jede Laune der potentiellen ›bonds‹-Käufer ging ich ein.« Für ihren Werbefeldzug wurde sie vom Finanzminister ausgezeichnet. Allerdings war Präsident Franklin D. Roosevelt nicht mit den unwürdigen Methoden einverstanden, mit denen sie zum Teil die

The Anti-Fascist at the Front
For the first two years of the war Marlene worked for the Hollywood Victory Committee and like other stars, including her daughter Maria, who had begun a career as an actress, she toured the country raising funds for the American war effort. President Roosevelt eventually stepped in to stop her prostituting her talent so she returned to the task of financially supporting her band of Hollywood exiles and made her first film for

Marlene mit Jean Gabin.
Marlene with Jean Gabin.

Amerikaner zum Spenden animierte: »Ich habe gehört, was Sie alles tun, um Bonds zu verkaufen. Wir sind Ihnen sehr dankbar dafür«, soll er ihr mitgeteilt haben. »Aber ich verbiete Ihnen ausdrücklich, Akquisition und Prostitution zu verwechseln. Von jetzt an werden Sie keine einzige Vorstellung mehr in diesen Nachtklubs geben. Das ist ein Befehl.« Sie hielt sich daran und kümmerte sich wie zuvor um die Flüchtlinge aus Europa, die nun immer zahlreicher wurden. Gleichzeitig beendete sie die letzten begonnenen Filmprojekte. In dieser Zeit sollten anspruchslose Unterhaltungsfilme von den dramatischen Ereignissen in der Welt ablenken. Einer von ihnen war *Kismet*. Regisseur war Wilhelm Dieterle, der Marlene im Berlin der zwanziger Jahre die erste Film-

MGM, *Kismet*, in which she appeared in a spectacular costume and gold-painted legs.
Shortly afterwards she left for Africa and Italy to work for the United Service Organisation, which was responsible for entertaining the American troops. Her decision to exchange the glamour of Hollywood for a military uniform may have been influenced by a love of adventure and the desire to be close to her great love, Jean Gabin, who was in North Africa,

Filmprogramm zu *Kismet*, der 1944 unter der Regie von William Dieterle entstand.
»Über meine Rolle in diesem Film braucht man nicht viele Worte zu verlieren«,
beschreibt Marlene ihre erste Tätigkeit für die Metro-Goldwyn-Mayer-Studios,
»aber ich brauchte Geld, von dem meine Familie während meiner Abwesenheit
leben konnte«.

Film programme for Kismet, *released in 1944 under the direction of William Dieterle.
Marlene was dismissive of her first job for Metro Goldwyn Mayer: "There's nothing to say
about my role in this film, but my family needed money during my absence".*

rolle gegeben hatte und der sich jetzt William Dieterle nannte. Die Verfilmung
des Märchens aus Tausendundeiner Nacht war wahrscheinlich nur deswegen
erfolgreich, weil sie darin als Haremsdame in einem spektakulären Kostüm mit
goldbemalten Beinen auftrat. »Über meine Rolle in diesem Film braucht man
nicht viele Worte zu verlieren«, beschreibt Marlene ihre erste Tätigkeit für die

Metro-Goldwyn-Mayer-Studios, »aber ich brauchte Geld, von dem meine Familie während meiner Abwesenheit leben konnte.«

Das hatte ihre um einige Emigranten erweiterte »Familie« tatsächlich nötig. Kurz nachdem *Kismet* abgedreht war, kehrte sie ihnen den Rücken, um in Afrika und Europa aktiv gegen das Hitler-Regime zu kämpfen. Als die Mobilmachung bevorstand, meldete sie sich, um für die United Service Organization (USO) zu arbeiten, die während des Zweiten Weltkriegs für die Betreuung der amerikanischen Truppen zuständig war. Ihre neue Rolle bestand darin, den Soldaten während ihrer Einsätze Mut zu machen. In dem Entschluss bestärkt hat sie zweifelsohne Jean Gabin, ihre große Liebe, der sich kurz zuvor freiwillig gemeldet hatte, um in Nordafrika für das freie Frankreich zu kämpfen. Am 20. März 1944 hatte ihre Show, für die die Dietrich auch eigene Texte schrieb, Premiere. Kurz danach, am 4. April, wurde sie mit einem

Transportflugzeug über den Atlantik geschickt. Wollte sie ihren Boys und speziell dem einen, dem besonders männlichen Franzosen Gabin nahe sein? War es Abenteuerlust, die die 42-jährige dazu veranlasste, die teuren Hollywoodkostüme gegen eine Militäruniform einzutauschen und sich ins richtige Leben zu stürzen? Es ist gut möglich, dass solche Anwandlungen ihre Entscheidung mit beeinflussten. Tatsache ist jedoch, dass sie sich hier auf ein so hartes, entbehrungsreiches und zermürbendes Engagement einließ, dass sie es ohne ihre politische Überzeugung nicht überstanden hätte. Auch wenn sie auf Fotos mit GIs fröhlich in die Kamera lächelt und zeitweise das Bad in der männlichen Menge genoss – mit Romantik hatten die unzähligen Auftritte vor Zigtausenden von Soldaten nichts zu tun. Bei ihrem ersten Einsatz in Nordafrika, Neapel, Sardinien, Rom und Bari trat sie bei rund 70 Auftritten vor rund 150 000 GIs auf. »Das Programm war genau richtig. Danny machte seine Witze, ich sang ein paar Lieder, wir spielten zusammen einige Sketche, die von berühmten Leuten wie Garson Kanin und Burgess Meredith für unsere Zwecke geschrieben worden waren; wir zeigten den Trick mit der Gedankenübertragung, den ich schon während der Mobilisierung mit Orson Welles vorgeführt hatte. (...) Wir konnten auf Lastwagen oder Panzern auftreten, denn wir brauchten keine Bühne; wir gaben vier oder fünf Vorstellungen am Tag und zogen wie die Nomaden im Jeep von einer Einheit zur anderen«, beschreibt Marlene ihre Tätigkeit. Weiteres Element ihrer Auftritte war die singende Säge, die sie in den zwanziger Jahren aus Wien mitgebracht hatte. »Es war die beste Rolle, die sie jemals spielte«, schreibt Maria Riva über das Engagement ihrer Mutter. »Und es war die Rolle, die sie am meisten liebte und mit der sie ihren größten Erfolg feierte. Sie sammelte Lorbeeren für heroische Tapferkeit, heimste Orden und Belobigungen ein, wurde verehrt und respektiert. Die Preußin war in ihrem Element; ihre deutsche Seele nahm mit ihrer ganzen makabren Sentimentalität die Tragödie des Krieges in sich auf.«

Im Juni 1944 wurde sie in die USA zurückkommandiert. Man zog Bilanz über die erfolgreiche Arbeit und bereitete bereits den nächsten Einsatzplan

fighting for the Free French. But it was a gruelling job which Marlene could not have survived without her deep anti-fascist conviction. She travelled around in a jeep and appeared before thousands of GIs, sometimes giving four or five performances a day. Maria Riva wrote that it was the best role her mother ever played.
In June 1944 Marlene returned to the USA and prepared for another tour which took her to Holland, Belgium, France and eventually Germany.

Marlene Dietrich bei der Truppenbetreuung mit amerikanischen Soldaten (1943).
Marlene looking after American troops (1943).

vor. Nachdem sie erstaunt zur Kenntnis genommen hatte, wie gleichgültig die amerikanische Öffentlichkeit dem Krieg gegenüber stand, startete sie im September Richtung England. Bis Juli 1945 folgten Stationen in Holland, Belgien und Frankreich. Auch hier sang sie Lieder wie »See What the Boys in the Backroom Will Have« oder die englische Version von »Lili Marleen« und zeigte – mitten im kalten Winter – ihre Beine unter dem transparent erscheinenden Paillettenkleid, das sie später für ihre Bühnenauftritte nacharbeiten ließ. Der Beifall, den sie bekam, mag ihr eine große Genugtuung gewesen sein Doch gleichzeitig litt sie unter den harten Bedingungen an der Front. Die

Time and again she sang "See what the Boys in the Backroom Will Have" and the English version of "Lili Marleen" and wore her famous sequined dress to show off her legs, even in the middle of winter. She lived in the most basic conditions, contracted pneumonia and calmed her nerves with Calvados. In the meantime her songs had been recorded in German and were being broadcast to German soldiers by the US Secret Service until the Americans at last marched into Germany, bringing Marlene with them.

111

Kälte machte ihr ebenso zu schaffen wie eine Lungenentzündung, von der sie sich nur dank des kurz zuvor erfundenen Penizillins erholte. Sie beruhigte ihre Nerven häufig mit Calvados. Aber die Gesundheit zählte in dieser Zeit wenig. Wichtig waren nur drei Dinge: »Essen, schlafen, in Deckung gehen«, wie sich Marlene erinnert. Im Übrigen hatte sie genug mit den Filzläusen zu tun, die sie immer wieder befielen, und mit den Ratten, die in mancher Nacht mit ihren kalten Pfoten über sie hinweg huschten.

Zwischendurch soll sie auch deutsche Lieder aufgenommen haben, die der US-Geheimdienst OSS über den Soldatensender West sendete, um deutsche Soldaten zur Umkehr zu bewegen. Schließlich betrat sie selber deutschen Boden. Jetzt verlief die Front durch Marlenes Vaterland. Für sie war es sicherlich der schwierigste Einsatz in diesem Krieg. Nicht allein wegen der Emotionen, die für sie mit Deutschland verbunden waren. Es hätte für sie auch gefährlich werden können, vor ihren Landsleuten in amerikanischer Uniform zu erscheinen. »Morgen werden wir in Deutschland einmarschieren und Sie gehören momentan zu der Einheit, die als erste deutsches Gebiet betreten wird«, soll General Omar Bradley zu ihr gesagt haben. »Ich habe das Problem mit Eisenhower besprochen, und wir halten es für besser, Sie würden im Hinterland bleiben und zum Beispiel Krankenhäuser besuchen. Wir wollen nicht, dass Sie in Deutschland gesehen werden; falls Ihnen etwas zustößt, könnten wir keine Verantwortung übernehmen und der Kritik, die sich sofort erhöbe, nicht einmal widersprechen.« Aber die Dietrich ließ sich nicht davon abhalten, ihre Mission zu Ende zu bringen. Sie erhielt die Erlaubnis, mit in die zerstörten Städte und Ortschaften vorzurücken, und stellte überrascht fest, dass man sie gar nicht als Feindin empfing: »Die Leute auf der Straße dachten nur daran, mich zu umarmen, sie baten mich, mich bei den Amerikanern für sie einzusetzen, sie hätten gar nicht freundlicher sein können«, erinnert sich Marlene. Offensichtlich erkannten sie in der großen Abwesenden immer noch den Blauen Engel, der ihnen jetzt helfen konnte, zwischen Deutschen und Amerikanern zu vermitteln.

At first she was ordered to stay in the background for her own safety but when she ventured into the ruined towns and villages she found that her compatriots treated her warmly – their mood only changed later. Naturally Marlene was anxious to find out what had happened to her mother and sister. She had heard that Elisabeth had ended up in Bergen-Belsen Concentration Camp but found that she was running a canteen for the Wehrmacht and their relationship cooled. Before she was reunited

Ausgezeichnet für ihre Verdienste im Kampf gegen das Nazi-Regime marschiert Marlene
mit ehemaligen französischen Widerstandskämpfern am 14. Juli 1954 durch Paris.
Marlene, who was decorated for her war-time services against the Nazi regime,
marching through Paris on 14th July 1954 with the former French Resistance fighters.

Während sie weiter die amerikanischen Truppen unterhielt und mit ihnen durch Deutschland zog, stellte sie sich immer wieder die Frage, was aus ihrer Familie in Deutschland geworden sei. Ob ihre Mutter und Schwester noch am Leben waren? Wie hatten sie die Bombardierungen überstanden? Sie erfuhr, dass ihre Schwester im Konzentrationslager Bergen-Belsen sei, bekam die Erlaubnis, mit einem Militärflugzeug dorthin zu fliegen – und machte eine merkwürdige Entdeckung: Elisabeth gehörte nicht etwa zu den KZ-Opfern, wie sie befürchtet hatte, sondern hatte mit ihrem Mann eine Art Kantine für die Hilfstruppen der Wehrmacht geführt und dabei anscheinend ganz gelebt. Die private Marlene mag beruhigt darüber gewesen sein, dass ihre Schwester zwar nicht bei bester Gesundheit, aber immerhin nicht den Qualen im Konzentrationslager ausgesetzt gewesen war. Doch als überzeugte Antifaschistin war sie entsetzt. Wenn sie offenbar auch weiterhin einen gewissen Kontakt zu ihr pflegte – *offiziell* hatte sie nun keine Schwester mehr. Elisabeth tauchte in ihren Erzählungen – und in ihrer Autobiografie – nicht mehr auf.

Bevor sie noch ihre Mutter aufsuchen konnte, wurde sie in die USA zurückgebracht. Aber der Empfang, den man ihr jetzt bereitete, war wesentlich nüchterner als bei ihren früheren Einreisen. Die Amerikaner, die den Krieg »nur noch aus Geschichtsbüchern« kannten, waren mit anderen Dingen beschäftigt, als die Helden zu feiern, die Europa von den Nationalsozialisten befreit hatten: »Wir landeten in La Guardia. Es regnete – natürlich! Niemand war da, um uns zu empfangen. Wir schleppten uns ab mit unserem Gepäck, wurden von Kopf bis Fuß durchsucht und mussten unsere kostbare Kriegsbeute abgeben. Dann fanden wir uns ohne einen Pfennig Geld am Taxistand wieder und wussten nicht wohin«, schreibt sie über die desillusionierende Wiederbegegnung mit ihrer Wahlheimat. Sicher war sie enttäuscht von der Reaktion der Amerikaner, aber ihre Entscheidung, gegen den Faschismus zu kämpfen hat sie nie bereut. Im Gegenteil. Später hat sie immer wieder betont, es sei das Wichtigste gewesen, was sie je gemacht habe. Für sie gab es im Übrigen gar keine andere Wahl: »Wir wussten doch von den KZs, von den ver-

with her mother she was summoned back to the States once more and was shocked to find that the American public was not remotely interested in war heroes. In a film interview years later with Maximilian Schell she said that her decision to fight against fascism had been very simple because "everyone had known about the concentration camps and the gassing of children". The medals and honours conferred on her meant far more than the Oscar she never received.

gasten Kindern und so weiter«, sagt sie in dem Filmporträt *Marlene*, das Maximilian Schell 1982 gedreht hat. »Das wussten wir ja. Und so ist es ja sehr leicht, sich zu entscheiden.« Deshalb bedeuteten ihr die Ehrungen, die sie für ihr politisches Engagement erhalten hatte, auch mehr als ein Oscar, den sie nie bekam. Frankreich ehrte sie mit der Nadel der französischen Ehrenlegion, und zwar in drei Stufen vom »Chevalier« über den »Officier« bis zum »Commandeur«, Israel verlieh ihr mehrere Ehrenmedaillen und Belgien den »Leopoldsorden«. In den USA selbst wurde ihr als erster Frau die »Medal of Freedom« zuteil, die höchste Auszeichnung für Zivilisten in den Vereinigten Staaten.

Aber soweit war sie im Sommer 1945 noch nicht. Da hatte Marlene vielmehr das Gefühl, in den USA nichts verloren zu haben. Die Dietrich hatte vor allem einen Wunsch: Sie wollte so bald wie möglich nach Europa zurückkehren, um ihre Mutter zu sehen. Nach einem kurzen Aufenthalt in Paris kam sie – noch in amerikanischer Uniform – nach mehr als einem Jahrzehnt erstmals wieder in ihre Heimatstadt Berlin zurück. Sie traf nun Josephine von Losch, die inzwischen in der Friedenauer Fregestraße untergekommen war. Dort blieb Marlene mehrere Wochen. Abends trat sie im Titania-Palast vor amerikanischen Soldaten auf, tagsüber sah sie sich in der zerstörten Stadt nach vertrauten Gesichtern um. Identifizierte man sie mit dem Feind, der mit daran beteiligt war, die Stadt in Schutt und Asche zu legen? Spürte sie schon die Ablehnung, die ihr bald darauf von den Berlinern entgegen gebracht würde? Die Antworten sind ungewiss.

Noch einmal kam sie im November 1945 zurück, als ihre Mutter plötzlich an Herzversagen gestorben war. Eine feierliche Beerdigung war in diesen Zeiten nicht auszurichten. Auf Grund des Holzmangels sollen GIs aus Schulbänken einen Sarg gezimmert haben, und nur wenige kamen, um Josephine das letzte Geleit zu geben. Nachdem der »gute General« auf dem Friedhof in der Friedenauer Stubenrauchstraße beerdigt war, schien das letzte Band zu ihrer Heimat durchtrennt. Es folgte ein erneuter Abschied, nur eine innere Verbindung zu Berlin sollte bestehen bleiben.

In the summer of 1945, still in American uniform, Marlene arrived back in her native Berlin after an absence of more than a decade. She stayed with her mother for several weeks, appeared at the Titania-Palast and scoured the ruined city for old friends. In November Josephine von Losch died suddenly from a heart attack and Marlene returned again for her mother's funeral; her last connection with her homeland had been severed and it was to be a further fifteen years before she stepped on German soil again.

Marlene Dietrich im Titania-Palast in Berlin.
Marlene Dietrich at the Titania-Palast in Berlin.

Das innere Band

»Wichtig ist, einen Kokon um sein Herz zu spinnen, den Einfluss der Vergangenheit zurückzudrängen. Bauen Sie nicht auf die Anteilnahme anderer. Man kann sehr gut ohne sie auskommen, das weiß ich. Was bleibt, ist die Einsamkeit.«

Die Nachkriegszeit war nicht nur für die Deutschen deprimierend, auch in den Vereinigten Staaten waren die späten vierziger Jahre von Ernüchterung gekennzeichnet. Zwar mussten hier keine Trümmer beseitigt werden und die Zivilbevölkerung war vom Krieg verschont geblieben, dafür hatte man jetzt die Kriegsheimkehrer, darunter viele Invaliden, wieder in die amerikanische Gesellschaft zu integrieren.

Auch Marlene musste sich in ihrem neuen Leben erst wieder einfinden. Nachdem sie sich für ihre Wahlheimat eingesetzt hatte wie kaum eine andere Frau, nachdem sie sich als mustergültige Amerikanerin bewährt hatte, fühlte sie sich in den USA plötzlich fremd. »Ich war völlig durcheinander«, schreibt sie in ihren Erinnerungen. »Ich hatte mich bereits eingewöhnt, niedergelassen und war amerikanische Staatsbürgerin geworden, und nun musste ich mich umstellen, wieder eingliedern. Ich meine, ich kam nach Amerika zurück, in ein Land, das nicht im Krieg gelitten hatte, ein Land, das nicht wusste, was seine Soldaten dort drüben auf fremdem Boden durchgemacht hatten. Mein Hass auf die ›sorglosen‹ Amerikaner rührt aus dieser Zeit. (…) Ich brauchte ein ganzes Jahr, um mich ›wieder einzugliedern‹.« Zwar war sie eine Legende, wurde zudem für ihre Verdienste ausgezeichnet, aber vom Ruhm allein konnte sie schließlich nicht leben. Zumal der Krieg sie finanziell ruiniert hatte.

The Unbreakable Bond
Marlene found the post-war years in America depressing. No-one seemed to care about what happened in Europe and although she was still a Hollywood legend she could not survive on fame alone and the war had financially ruined her. She wandered aimlessly between Paris and the States and sought refuge in her love affair with Jean Gabin, the only man for whom she might have divorced Rudolf Sieber.

Mit Hollywood meinte sie abgeschlossen zu haben, aber im Deutschland der Nachkriegszeit hätte sie beruflich in dieser Zeit schon gar nichts werden können. So irrte sie zwischen Paris und den USA hin und her, ohne zu wissen, was sie mit ihren Orden und ihren Schulden beginnen sollte. Einziger Orientierungspunkt war Jean Gabin. Bei der Suche nach einem beruflichen und privaten Neuanfang setzte sie ganz auf ihn. Der französische Schauspieler war der einzige Mann, für den sie sich von Rudolf Sieber hätte scheiden lassen, um noch einmal zu heiraten. Zwischenzeitlich träumte sie sogar davon, noch einmal Mutter zu werden und dem vorübergehenden Helden ihres privaten Films ein Kind zu schenken – während sie bereits die »glamouröseste Großmutter der Welt« wurde, wie die Zeitschrift »Life« konstatierte. Im übrigen hatte auch die Beziehung zu Gabin ihre Höhen und Tiefen. Mit den Eifersuchtsdramen ging der berufliche Misserfolg des Paars einher. Mit dem Regisseur Georges Lacombe hatten die beiden den Film *Martin Roumagnac* gemacht, eine verschnörkelte Schnulze, die am Zeitgeist vorbei ins Leere zielte. »Selbst ›Gabin und die Dietrich‹ konnten diesen Film nicht aus dem Sumpf der Mittelmäßigkeit herausziehen. Sie waren zu lange ein Liebespaar gewesen, um eine prickelnde Sinnlichkeit auf die Leinwand zu zaubern, die den Film vielleicht hätte retten können«, lautet das vernichtende Urteil der Riva. »Gabins wundervoll unprätentiöses Spiel wirkt sogar in seiner Muttersprache gestelzt und gehemmt durch Mätzchen und die Künstlichkeit der Figuren. Die Dietrich ist einfach nur schrecklich. Sie gibt sich zwar alle Mühe, eine ›Französin aus einer kleinen Provinzstadt‹ zu mimen, doch so, wie sie aussieht und spielt, möchte man am liebsten eine Schere nehmen und sie herausschneiden wie eine Ausschneidepuppe.«

Filmische Vergangenheitsbewältigung

Als sie das Angebot erhielt, mit dem Regisseur Mitchell Leisen *Golden Earrings* zu drehen, ging Marlene reumütig nach Hollywood zurück. Dieser Schritt bedeutete zugleich die endgültige Trennung von Gabin. Er versuchte sie davon abzuhalten, verbot ihr sogar, nach Amerika zu gehen, und zog schließlich für sich den Schlussstrich unter die quälende Beziehung. Die Dietrich war zwar unendlich traurig darüber – wobei sie sich darüber im Klaren sein musste, dass sie Gabins Eifersucht allzu oft herausgefordert hatte –, bewies aber auch hier ihren untrüglichen Instinkt. Denn so anspruchslos *Golden Earrings*, in dem sie

eine Zigeunerin spielt, war, er wurde ein Kassenerfolg und brachte sie in Hollywood wieder ins Geschäft. »Wenn man sich an *Golden Earrings* überhaupt noch erinnert, dann wegen des Anblicks der Dietrich mit der schwarzen Perücke und dem entsprechend ausdrucksvollen Gesicht. Sie wirkte zigeunerhafter als jede Zigeunerin, die es je gab oder geben wird …«, erinnert sich ihre Tochter. Aber diese Darstellung tat offenbar ihre Wirkung. Jedenfalls prädestinierte sie der Film für weitere Projekte.

Bevor sich nun auch Alfred Hitchcock, Fritz Lang und Orson Welles für den reifen Star interessierten, bekam sie 1948 die Hauptrolle in *A Foreign Affair* (*Eine auswärtige Angelegenheit*). Hier wirkte sich die alte Berlin-Connection aus. Oder sollte es ein Zufall sein, dass Marlene ausgerechnet in einem Berlin-Film von Billy Wilder eine Deutsche verkörpert und der Komponist Friedrich Hollaender mit von der Partie war? Sie traf zwar auch in Hollywood mit Wilder zusammen, gemeinsam hatten sie sich unter anderem um die Emigranten aus Europa gekümmert. Doch zuvor hatte sie den ehemaligen Reporter im Berlin der zwanziger Jahre getroffen, im Salon von Betty Stern in der Barbarossastraße oder in der Fröhlich-Bar in der Fasanenstraße in Berlin-Charlottenburg, wo Wilder sich als Eintänzer sein Geld verdiente.

Nun besann er sich auf Marlene, in der er die ideale Besetzung für die weibliche Hauptrolle in *A Foreign Affair* sah. »Billy Wilder war nach Paris gekommen, um mich zu überzeugen, in seinem Film die Rolle einer Nazi-Frau zu spielen. Am Telefon hatte ich abgelehnt. Ich wusste damals nicht, dass man Billy Wilder nicht entkommen kann …«, berichtet die Dietrich. Also spielte die Antifaschistin, die auf der Seite der Amerikaner gegen Hitler gekämpft hatte, eine Deutsche, deren Geliebter ein hohes Gestapo-Mitglied gewesen war. Die Dreharbeiten fanden im Studio statt, und Billy Wilder machte die Außenaufnahmen, die dem Film das nötige Zeitkolorit geben sollten, ohne die Darsteller in Berlin.

Im Film tritt die Dietrich in der »Lorelei« als Nachtclubsängerin vor amerikanischen Besatzungssoldaten auf und lässt sich für gelegentliche Ge-

Coming to terms with the past
Her tempestuous relationship with Gabin came to an end when Marlene returned to Hollywood to don a black wig and play a gipsy in *Golden Earrings*. It was a box office hit and put her film career back on the map. In 1948 she was given the lead role in *A Foreign Affair* where she worked with her old Berlin friends, Billy Wilder and Friedrich Hollaender. She played the part of Erika von Schlütow whose lover had been a high rank-

fälligkeiten mit einem Pfund Kaffee und Zigaretten bezahlen. Auch wenn die andere Protagonistin, Jean Arthur, ganz unglücklich über ihre Rolle des patriotischen Moralapostels und der prüden Amerikanerin war, gerade der Gegensatz zwischen beiden Frauen macht den Film reizvoll und unterhaltsam. Er wurde sogar für einen Oscar nominiert, hatte an der Kinokasse aber nur mäßigen Erfolg.

ing Gestapo Officer and was now entertaining the American troops in a Berlin nightclub. It was Marlene's best work as an ageing Diva and the film was even nominated for an Oscar. Several years later in 1957 she was to make another film with Wilder, *Witness for the Prosecution*, where she enjoyed similar success with both her singing and acting.

Marlene's second career as an entertainer was beginning to take off when she accepted a role in a third post-war film, *Judgement at Nuremberg*. She

Für mehr als 3000 Filme (deutsche und ausländische) II. Verzeichnis ist die ILLUSTRIERTE FILM-BÜHNE lieferbar

Unter der Regie von Billy Wilder in *Zeugin der Anklage* (1957).
In Witness for the Prosecution, *directed by Billy Wilder (1957).*

A foreign Affair ist eine der gelungensten Arbeiten der reifen Diva. Sie überzeugte nicht nur, weil sie das alte Paillettenkleid aus der Zeit der Truppenbetreuung kopierte. Die Darstellung der Erika von Schlütow wirkt auch deswegen authentisch, weil sie sich in die Lage der Deutschen, insbesondere der deutschen Frauen versetzen konnte.

Jahre später sollte Marlene noch in einem weiteren Billy-Wilder-Film die Rolle einer Deutschen übernehmen. In diesem Fall hatte sie sich sogar selber 1957 um die Mitwirkung in dem Gerichtsdrama *Witness for the Prosecution (Zeugin der Anklage)* bemüht. Zwar spielt die Verfilmung des Agatha Christie-Thrillers nicht in Deutschland, aber Marlene ist auch dieses Mal die geheimnisumwobene Ausländerin, die, wenn schon nicht politisch, so doch wenigs-

121

tens moralisch suspekt ist. In *Witness for the Prosecution* versucht sie als Christine Vole, ihren des Mordes angeklagten Ehemann Leonard Vole (Tyrone Power) dadurch zu retten, dass sie sich selber als Zeugin diskreditiert. Das tut sie, indem sie dem Gericht Briefe von einer vermeintlichen Cockney-Engländerin zuspielt, die sie in Wirklichkeit selber geschrieben hat. Weitere Nachforschungen ergeben daraufhin, dass sie in Deutschland einen fragwürdigen Lebenswandel geführt hatte. »Als eine Art (Selbst-)Tribut an *A Foreign Affair (Eine auswärtige Angelegenheit)* fügten Wilder und Kurnitz eine Rückblende ein, um zu zeigen, wie Leonard Vole und seine Gattin (früher ›Romaine‹, jetzt ›Christine‹) sich im Hamburg der Nachkriegszeit kennen gelernt hatten. Christine ist jetzt eine zweite Erika von Schlütow und singt in einer zwielichtigen Spelunke, die mit der ›Lorelei‹ so viel Ähnlichkeit aufweist, wie es dem Ausstatter Alexander Trauner nur möglich war«, analysiert Steven Bach die Parallelen zwischen Marlenes Rollen in den beiden Billy-Wilder-Filmen. Auch dieses Mal reüssiert sie nicht allein mit dem Song »I May Never Go Home Anymore« – der englischen Übersetzung von »Auf der Reeperbahn nachts um halb eins« – auch ihre Darstellung der Deutschen ist meisterhaft.

Noch in einem dritten Film der Nachkriegszeit spielt sie eine Deutsche: *Judgement at Nuremberg (Das Urteil von Nürnberg)*. Bei diesem Werk, das sich direkt mit der jüngsten deutschen Vergangenheit auseinander setzte, tat sie es aus politischer Überzeugung. Finanzielle Erwägungen dürften für sie, die mittlerweile eine zweite Karriere als Entertainerin begonnen hatte und dort ganz andere Summen verdiente, keine Rolle gespielt haben. Vielleicht wollte sie die Deutschen, die ihr vorwarfen, im Zusammenhang mit dem Nazi-Regime von einer Kollektivschuld des deutschen Volkes auszugehen, eines Besseren belehren. Vielleicht wollte sie ihnen zeigen, dass das nicht nur ihre persönliche Sichtweise war. Wenn sie so tatsächlich einen Beitrag zur Vergangenheitsbewältigung der Deutschen leisten wollte, dann tat sie es aber nicht mit dem erhobenen Zeigefinger. Vielmehr nahm sie selber die Seite derer ein, die hier angeklagt wurden und versuchte, sich in deren Lage zu versetzen.

> understood the implications of the script and played the role of the elegant, well-educated widow of a Wehrmacht General with great sensitivity. Her daughter even suggested that Marlene had unconsciously portrayed her own mother in the guise of Aunt Vally.
> In 1962 she closed the chapter on Germany's past by working as narrator in *The Black Fox, The True Story of Adolf Hitler*. The film won an Oscar for the best documentary but its message did not reach the Germans and since

In einer Szene von *Zeugin der Anklage* mit Tyrone Power.
In a scene from Witness for the Prosecution *with Tyrone Power.*

In *Judgement at Nuremberg* hat Stanley Kramer 1961 die Geschichte um
einen Prozeß im Nürnberger Gerichtshof verfilmt. Auf der Anklagebank stehen vier Nazi-Richter, die sich für verbrecherische Urteile verantworten müssen und die anschließend zum Tode verurteilt werden. Dabei macht es sich der
aus den USA eingeflogene Richter (Spencer Tracy) mit seiner Urteilsfindung
keineswegs leicht. Da der Prozeß, der hier geführt wird, gleichzeitig einer der
Zivilisation gegen ein Volk ist, das sich immer wieder beharrlich auf seine
Ahnungslosigkeit und sein Nichtwissen beruft, bezieht er auch anscheinend
unbeteiligte Personen in seine Meinungsbildung ein. Er unterhält sich mit
Dienstboten und sucht den Kontakt zur deutschen Bevölkerung, um heraus-

zufinden, was sie über die Machenschaften der Nazis wussten. Dabei begegnet er auch Frau Berthold, der Witwe eines Wehrmachtgenerals, der nach Kriegsende gehängt wurde. Die elegante, gebildete und in all ihrer Trauer gefasste Frau möchte ihn davon überzeugen, dass die Deutschen nicht alle Ungeheuer sind. Sie nimmt ihn mit in Konzerte und Tanzlokale, zeigt ihm die angenehmen Seiten von Nürnberg und der deutschen Kultur. Gleichzeitig wirbt sie für Gehorsam und Disziplin, deutsche Tugenden, die sie selber verinnerlicht hat.

Marlene meistert die Herausforderung dieser Rolle mit großer Souveränität. Unter anderem deshalb, weil sie sich mit der Figur der Witwe intensiv auseinander gesetzt hat. Steven Bach zufolge soll sie den authentischen Fall der Witwe des Feldmarschalls Wilhelm Keitel zum Vorbild genommen und dafür eigene Recherchen angestellt haben. Andererseits konnte sie sich offensichtlich auch selber ein Stück weit mit Frau Bertholt identifizieren: »Die Dietrich war mir eine große Hilfe und ihre Beiträge waren sehr wichtig. Sie diente uns allen als Vorbild. Sie kannte Deutschland und begriff die Implikationen des Drehbuchs und die Verhaltensweisen der Deutschen besser als irgendeiner von uns. (…) Wenn Frau Bertholt sagt, sie sei ›eine Tochter des Militärs‹ und habe Disziplin mit der Muttermilch eingesogen, dann kommt das direkt aus der Vergangenheit der Dietrich, und das spürt man auch«, zitiert Steven Bach den Regisseur Stanley Kramer.

Maria Riva geht in ihrer Analyse sogar noch weiter: »…Sie war sich dessen niemals bewusst und hätte jede entsprechende Andeutung voller Entrüstung zurückgewiesen«, schreibt sie, »aber die Frau, die sie in *Urteil von Nürnberg* so gekonnt darstellte, war ein genaues und treffendes Abbild ihrer Mutter in der Verkleidung Tante Vallys. Wie traurig, dass ihre lebhafteste unbewusste Erinnerung an ihre Mutter einer Frau in einem schwarzen Samtkostüm galt, die selbstherrlich an ihrem Pflichtbewusstsein festhielt«.

Das Kapitel deutsche Vergangenheitsbewältigung schloss die Dietrich 1962 durch ihre Mitwirkung in *The Black Fox, The True Story of Adolf Hitler*, unter

they had shown little interest in *Judgement in Nuremberg* Marlene decided to concentrate on her career as an international singer. In any case she preferred working on stage where she had more freedom and wondered what film roles would be offered to a 60 year old. Garbo had left Hollywood and young sex symbols like Marilyn Monroe had taken over. In Germany new faces like Hildegard Knef and Romy Schneider had arrived on the scene.

In *Urteil von Nürnberg* spielte Marlene an der Seite von Spencer Tracy
die Witwe eines Wehrmachtsgenerals (1961).

In Judgement at Nuremberg *Marlene appeared alongside Spencer Tracy
as the widow of a German Army General (1961).*

der Leitung von Louis C. Stoumen ab. In dem Dokumentarfilm wird Hitlers
Aufstieg in Anlehnung an Goethes Fabel »Reineke Fuchs« dargestellt, Marlenes
Rolle beschränkt sich auf die der Sprecherin. Der Film gewann den Oscar
für den besten Dokumentarfilm, aber in Deutschland verhallte die Botschaft
ungehört. Nachdem schon *Judgement at Nuremberg* nur ein einziges Mal in der
Berliner Kongresshalle aufgeführt und sehr verhalten aufgenommen worden
war, ließ es Marlene bei diesen eher uneigennützigen Aufklärungsversuchen
bewenden.

Überhaupt nahm sie für einige Zeit vom Film abschied und wandte sich
lohnenderen Aufgaben zu. »Nach dem *Urteil von Nürnberg* habe ich also keinen

Film mehr gedreht«, heißt es in »Ich bin, Gott sei Dank, Berlinerin«. »Ich war zu beschäftigt mit meiner Karriere als Sängerin und mit meinen Verpflichtungen in aller Welt. Doch vor allem hasste ich die Einschränkungen bei den Dreharbeiten. Ich zog die Bühne bei weitem vor. Die Freiheit, sich auszudrücken, wie man will, keine Kameras und kein Regisseur, der einem ständig in den Ohren liegt … Mit einem Wort, die Bühne gefiel mir. Und ich bin ihr treu geblieben.« Im Übrigen fragt sich, welche Rollen es für Marlene noch gegeben hätte, wenn sie sich weigerte »ältere Frauen« zu spielen.

Die Garbo hatte sich von Hollywood verabschiedet, anderen Stars ihrer Generation gelang es gerade noch, zwei- oder drittklassige Rollen zu ergattern. Längst hatten Sex-Symbole wie Marilyn Monroe die Leinwand erobert. Auch in Deutschland hätte die über 60-jährige Marlene keine Chance mehr gehabt. Im Zuge des Neuanfangs von 1945 hatten auch hier neue Gesichter den Film geprägt. Hildegard Knef zum Beispiel, die in Filmen wie Wolfgang Staudtes *Die Mörder sind unter uns* debütierte und später nach Hollywood ging. Oder Romy Schneider, die als Sissy den deutschen Frauen eine neue Identifikationsfigur anbot. Ihre Schönheit und ihre frische, unbekümmerte Art hatten die leidvollen Erfahrungen der Nachkriegszeit überstrahlt. Anspruchsvollere Rollen waren dagegen nicht in Sicht, so dass auch Romy Schneider sich nach Frankreich verabschiedete. Was hätte es da für die alternde Marlene für Möglichkeiten gegeben? Wenn schon ihre Botschaft in *Das Urteil von Nürnberg* nicht verstanden und sie als Vaterlandsverräterin beschimpft wurde? Zwar drehte sie noch 1978 unter der Regie von David Hemmings *Schöner Gigolo, armer Gigolo*, aber solche Filme blieben sporadische Arbeiten. Statt dessen rückte seit den fünfziger Jahre ihre zweite Karriere als Sängerin und Entertainerin in den Vordergrund.

Wiedersehen im Titania-Palast

Auslöser war Marlene zufolge ihr Auftritt bei einer Wohltätigkeitsveranstaltung, an der sie auf Wunsch ihrer Tochter Maria mitgewirkt hatte. Wieder bewies sie Instinkt für das, was sie weiterbringen würde. Ihre Premiere als Diseuse hatte sie 1953 in Las Vegas. »Das erste Mal blieb ich vier Wochen in Las Vegas und schwamm im Glück«, erinnert sie sich in ihrer Autobiografie. Im darauffolgenden Jahr bekam sie ein weiteres Engagement, dann stand sie im Café de Paris in London auf der Bühne. Ihre Performance wurde während

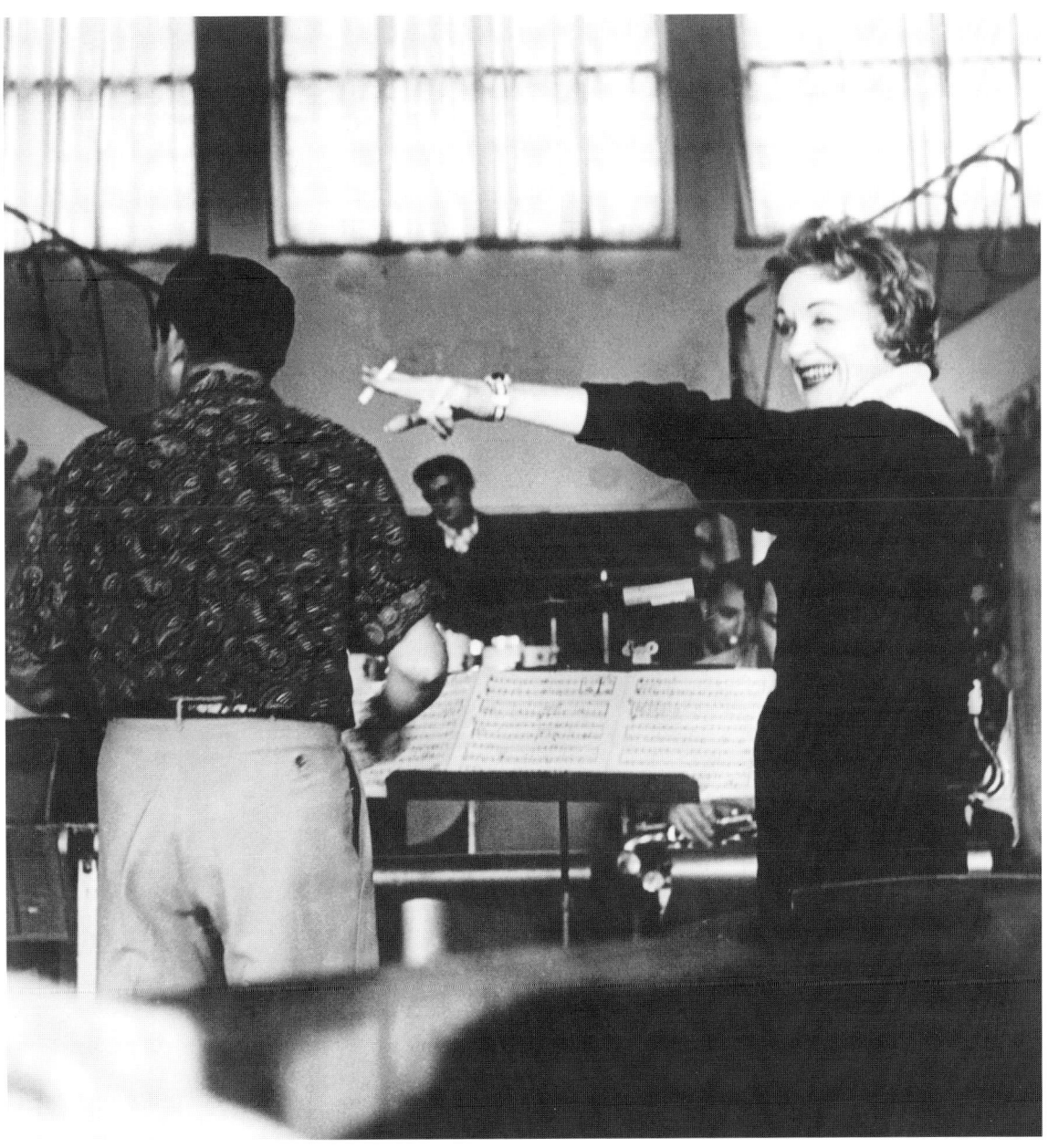

Marlene Dietrich während einer Probe mit Orchester (sechziger Jahre).
Von Las Vegas aus startete sie ihre zweite Karriere als Sängerin.
Marlene Dietrich during an orchestral rehearsal (1960s).
Her second career as a singer started in Las Vegas.

Marlene Dietrich tritt 1960 im Titania-Palast in Berlin-Steglitz auf.
Marlene Dietrich appearing at the Titania Palast in Berlin-Steglitz in 1960.

dessen immer weiter perfektioniert und professionalisiert: »Als sie ihre beiden
Meisterstücke entwarf – ihr schillerndes Glasperlenkleid, dem wir den Namen
›der Aal‹ gaben, weil sie beim Gehen darin aussah, als schwimme sie durch kla-
res Wasser, und ihren Schwanenmantel mit seiner zweieinhalb Meter großen,
runden Schleppe, für den angeblich 2000 Schwäne ihre Brustdaunen opfern
mussten –, war sie bereits über Las Vegas hinausgewachsen und gab ihre Konzerte in richtigen Theatern«, konstatiert Maria Riva.

Bei ihrer neuen Karriere gab ihr der Pianist Burt Bacharach wichtige
Impulse. In dem Musiker, der sie am Klavier begleitete, die Arrangements
ihrer Lieder erarbeitete und sie überhaupt im Hinblick auf ihre Bühnenauf-
tritte beriet, fand sie die ideale Ergänzung zu ihrem schauspielerischen Talent.
Er wurde ihr Lehrmeister auf musikalischem Gebiet, so wie es Josef von
Sternberg auf dem visuell-ästhetischen gewesen war, »der wichtigste Mann in

128

meinem Leben (…), nachdem ich die Entscheidung getroffen hatte, mich ganz der Bühne zu verschreiben«, schreibt Marlene in ihrer Autobiografie. »Mit der Energie eines ausbrechenden Vulkans gestaltete Burt Bacharach meine Nummer neu und verwandelte sie in ein richtiges Konzert. Im Laufe der Zeit wurde dann eine erstklassige ›One-Woman-Show‹ daraus. (…) Der Beifall, die Rufe und Zugabenforderungen der Zuschauer in aller Welt waren mir nicht sehr wichtig, auch nicht, wie oft ich herausgerufen wurde (an einem Abend waren es 69 Mal). Es genügte

Der Titania-Palast in der Schlossstrasse in Berlin-Steglitz wird heute wieder als Kino genutzt.
The Titania-Palast in Schlossstrasse, Berlin-Steglitz, has now been re-opened as a cinema.

mir, ihn anzusehen, und in seinen Augen las ich, ob mein Auftritt gut oder mittelmäßig gewesen war.« Bezeichnenderweise brachte sie diese neue Tätigkeit auch der deutschen Sprache wieder näher. Denn sie sang nicht nur englische und französische Lieder. Sie übersetzte zusammen mit Max Colpet Pete Seegers »Where have all the flowers gone?« in ihre Muttersprache und nahm nicht nur die früheren Songs von Friedrich Hollaender in ihr Programm auf, sondern auch Lieder wie »Allein in einer großen Stadt«, »Paff, der Zauberdrachen« oder »Ich hab' noch einen Koffer in Berlin«. Zu ihrem Repertoire gehörten außerdem Berliner Lieder wie »Das war in Schöneberg«, »Lieber Leierkastenmann«, »Durch Berlin fließt immer noch die Spree« und »Nach meine Beene ist ja ganz Berlin verrückt«, die auf einer Schallplatte mit dem bezeichnenden Titel »Das war mein Milljöh« zusammengefasst wurden.

Nicht nur in Mexiko, Brasilien, Argentinien, Südafrika, Japan, der Sowjetunion, Polen, Australien und vielen europäischen Länder wie Schweden

Return to the Titania-Palast
Her first break as a singer had come in 1953 in Las Vegas and engagements followed in Paris and London. The pianist Burt Bacharach was pivotal to her success; his musical arrangements launched her as a singer in the same way that von Sternberg had made her a film star. Her "One-Woman-Show" was an international hit and she included not only English and French songs in her repertoire but also many old Berlin favourites.

129

und Belgien brillierte sie mit ihren Hommagen an Berlin, sondern auch in Israel, wohin sie ihre Welttournee führte. Dort trug sie dazu bei, die Sprache der Holocaust-Täter bühnenfähig zu machen: »Die deutsche Sprache war damals nämlich den Künstlern, die in Israel auftraten, verboten«, erinnert sie sich, »und ich hatte mich darauf vorbereitet, auf Französisch oder Spanisch zu singen, nur von Burt Bacharach am Flügel begleitet. Ich war also sehr überrascht, als ich erfuhr, dass das Publikum mich aufgrund meines Engagements gegen das Hitlerregime in meiner Muttersprache singen hören wollte. Ich trug alte Volkslieder vor, Schlager aus den zwanziger Jahren, fröhliche, traurige, sentimentale Lieder, und als ich zum Schluss ein hebräisches Lied sang, kannte die Begeisterung keine Grenzen …«, beschreibt sie den erfolgreichen Auftritt.

Weniger gute Erfahrungen machte sie dagegen in ihrem eigenen Heimatland. Schon bevor sie 1960 nach Deutschland kam, um in Berlin, München, Düsseldorf, Köln, Wiesbaden und Hannover aufzutreten, schlugen die Wellen hoch. »Jubel und Protest: Marlene kommt!« stand auf dem Titelblatt der »Neuen Illustrierten« vom 16. April 1960. Viele freuten sich, dass der Star, der überall in der Welt gefeiert wurde, endlich auch hier zu sehen sein sollte. Andere verübelten ihr, dass sie sich dafür 15 Jahre Zeit gelassen hat. Außerdem erinnerten sie sich daran, dass Marlene gegen ihr Vaterland gekämpft und in der Uniform der Besatzungsmacht deutschen Boden betreten hatte. Das problematische Verhältnis zu ihrer eigenen Vergangenheit reagierten viele jetzt an Marlene ab. Das Selbstmitleid über die bittere Nachkriegszeit, der Neid auf den Star, der es vielleicht besser gehabt hatte, der verletzte Stolz darüber, dass sie in der Zwischenzeit nichts mit ihrem Vaterland zu tun haben wollte, all das trug dazu bei, dass Marlene zum Sündenbock für die erlittene Schmach gemacht wurde. Sie wurde öffentlich als Vaterlandsverräterin beschimpft, es wurde zum Boykott ihrer Konzerte aufgerufen, und es gab sogar Bombendrohungen. »Die waren mir doch beese«, sollte Marlene später im Interview mit Maximilian Schell die Reaktionen auf den Punkt bringen. »Das

She thrilled audiences in Mexico, Brazil, Argentina, South Africa, Japan, the Soviet Union, Poland, Australia, Western Europe and even Israel – and was always accompanied by Bacharach.
In 1960 she toured Germany but her reception was mixed. Many greeted her with enthusiasm but others recalled that she had been on the enemy's side and had arrived on German soil in an American uniform. Marlene became a scapegoat for their hurt pride and her concerts were threatened

130

Einzelne Protestplakate bei Marlenes Besuch in ihrer Heimatstadt (1960).
Protest posters when Marlene visited her native city (1960).

war Hassliebe. Die liebten mich und die hassten mich.« Nachdem Göring sie vor dem Krieg angegriffen habe, weil sie Amerikanerin wurde, habe die deutsche Presse sie nach dem Krieg angegriffen, weil sie nicht nach Deutschland gehen wollte, und nun würde man sie wiederum angreifen, weil sie dorthin käme. Bezeichnenderweise waren die Reaktionen nicht weniger heftig als im Fall von Leni Riefenstahl. Zwar beschränkten sie sich bei Marlene allein auf Deutschland, während die Riefenstahl fast weltweit diskreditiert war und allein bei den Nuba in Afrika »Erlösung« fand, aber beide waren Angriffen ausgesetzt. »Die Tatsache, dass sie sich als Stars politisch exponiert hatten – ob als verblendete Unterstützerin der nationalsozialistischen Propaganda oder als nüchterne Kritikerin des Regimes – wurde beiden Frauen nachträglich

131

Im Rathaus Schöneberg wird die Dietrich am 4. Mai 1960 vom Regierenden Bürgermeister Willy Brandt empfangen. *Dietrich was given an official welcome in Schöneberg Town hall by the Mayor of West Berlin, Willy Brandt on 4th May 1960.*

zum Verhängnis«, schreibt Elisabeth Bronfen in ihrem Aufsatz »Zwei deutsche Stars«.

Natürlich fachte im Vorfeld des Deutschlandbesuchs ein Teil der Presse die ambivalenten Gefühle immer wieder an. Ob man die Vaterlandsverräterin mit Rosen oder faulen Eiern empfangen sollte, fragte eine Zeitung, während in der »Münchner Illustrierten« ein Journalist, der seitenlang über die Vergangenheit der Dietrich polemisiert, am Ende empfiehlt: »Nehmt doch die Oma nicht so ernst«. In einer großen Boulevardzeitung wurden ein regelrechtes Tribunal inszeniert und fein säuberlich Marlenes Plus- und Minuspunkte aufgelistet. Ein Minuspunkt war unter anderem, dass die schöne Frau in Amerika immer wieder deutschfeindliche Äußerungen getan habe und während des Kriegs wiederholt gesagt hätte, dass sie von der »Kollektivschuld« des deutschen Volkes überzeugt sei. »Bis auf weiteres ist anzunehmen, dass jetzt nur materielle Motive maßgebend gewesen sind, als sie sich endlich entschloß, dem Drängen ihrer Manager

nachzugeben ...«, heißt es abschließend. Die Hasstiraden wurden teilweise so unerträglich, dass der Journalist Adolf Volbracht die Dietrich-Gegner mit der Schlagzeile »Haltet den Mund!« zur Räson rief. »Jetzt reißt mir die Geduld!«, schreibt er. »Wem hat die Dietrich eigentlich etwas getan? Seit Tagen, seit Wochen, seit die ›BZ‹ Marlenes Gastspiel ankündigte, landen (zum größten Teil anonyme) Briefe auf meinem Schreibtisch, die voll sind von Hass gegen diese Frau.« Im Weiteren versucht er, die Tatsachen zurechtzurücken und schließt mit den Sätzen. »Zum Glück sind die Marlene-Gegner in der Minderzahl – wenn auch lautstark. Die anderen Berliner haben niemals ›ihre Marlene‹ vergessen. Und sie freuen sich, wie ich mich freue, dass sie kommt. Ihr anderen:

Versöhnliches Gespräch mit Berlinerinnen und Berlinern bei Marlenes Besuch 1960.
Reconciliation with Berliners during Marlene's visit in 1960.

lasst sie in Ruhe! Kümmert Euch um Eure eigene Vergangenheit.« Auch im
»Neuen Blatt« versucht Gabriele Deym, Autorin des Artikels »Marlene: Warum ich nicht nach Deutschland komme« einiges klarzustellen. Wenn die
Dietrich in Deutschland keine Filme mache, dann deshalb, weil sie noch kein
einziges ernst zu nehmendes Angebot aus Deutschland erhalten habe. Offensichtlich wussten die Deutschen über Marlene und ihren Lebenslauf eher

with boycott and even bombs. Interestingly, Leni Riefenstahl suffered
from similar attacks, albeit on an international scale. One star was reviled
for being a critic of the Nazi regime and the other for supporting it.
The German press couldn't decide whether to shower Marlene with roses
or rotten eggs and the debate amongst journalists became increasingly
intense. The German population knew little about Marlene's life; her films
were seldom shown and the younger generation had only a vague idea of

133

Marlene Dietrich beim Presseempfang im Berliner Hotel »Hilton« am 2. Mai 1960.
Marlene Dietrich at the press reception in the Berlin "Hilton" on 2nd May 1960.

wenig: Ihre Filme kamen selten in die Kinos, die jüngere Generation hatte nur eine verschwommene Vorstellung vom *Blauen Engel* und jede Menge Vorurteile im Kopf, die noch auf die Nazi-Propaganda der Kriegsjahre zurückgingen. Deshalb zweifelten viele nicht an den Behauptungen von Journalisten, Marlene Dietrich spreche überhaupt kein Deutsch mehr und habe es bei ihren Konzerten allein auf die harte D-Mark abgesehen.

Marlene gab im »Hotel Hilton« in der Budapester Straße, dem heutigen »Intercontinental«, in dem sie die Präsidentensuite bewohnte, anlässlich ihres Berlin-Besuches eine Pressekonferenz. Von dort berichtete Mathias Walden unter anderem erstaunt über die Deutschkenntnisse des Gastes: »Ja, die Dietrich ist es gewöhnt, schlagfertig zu antworten«, stellt er fest. »Sie spricht deutsch, als wäre sie immer hier gewesen. Ohne die affektierte Suche nach Vokabeln, wie man sie von komödianti-

schen Emigranten kennt.« Außerdem sind die Journalisten beeindruckt von der Souveränität, der Eleganz und den intelligenten Antworten der Diva.

Noch beeindruckter sind sie von ihrem Auftritt im Titania-Palast an der Steglitzer Schlossstraße am 3. Mai. »Der Funke sprang beim ersten Takt über« lautet die Überschrift im »Tölzer Kurier«. »Am Dienstagabend wurde das von

The Blue Angel. But when she gave a press conference they were impressed by her mastery of the German language, her intelligent answers and her elegance. Her performance in the Titania-Palast in May was a triumph and the mayor of West Berlin, Willy Brandt, was there to join in the standing ovation during her rendition of "Ich hab' noch einen Koffer in Berlin". Although there were demonstrators outside with banners saying "Marlene go home", she gave two further concerts in Berlin and continued with her

Jean Cocteau annoncierte ›Wunder‹ Wirklichkeit für die Berliner: Im Titania-Palast eröffnete der ›Blaue Engel‹ von einst die dreitägige ›Marlene-Dietrich-Show‹«. Nach einer detaillierten Beschreibung der Lieder und Vortragsweisen heißt es weiter: »An die zehnmal konnte sie sich mit triumphierendem Lächeln verbeugen – in der ersten Reihe klatschte ihr stehend Berlins ›Regierender‹, Willy Brandt, zu – dann hatte sie es geschafft: Das Wiedersehen mit den Berlinern.« Noch euphorischer äußerte sich die »Neue Rhein-Zeitung«: »Die Stimme der Dietrich kann schmachten, drohen, locken und schmeicheln, sie kann kess und traurig, ordinär und hoheitsvoll und alles zugleich und ganz sein … Als sie zum Schluss, nachdem sie ihre Lieblingslieder (…) vorgetragen hatte, noch den Schlager ›Ich hab' noch einen Koffer in Berlin‹ sang, gab es im

Zuschauerraum kein Halten mehr. Die Leute stürmten zur Bühne und verhängten ›Belagerungszustand‹ über den in Hollywood ansässigen Star aus Berlin-Schöneberg.« Die Gruppe von Demonstranten, die vor dem Titania-Palast Schilder mit der Aufschrift »Marlene go home« hochgehalten hatten, bezeichnet der Artikel als »Unverbesserliche nazistisch-nationalistischer Einstellung«, als »Krakeeler« und »Halbstarke«.

Im übrigen hatten sich neben den Demonstranten, die gar nicht so zahlreich gewesen sein sollen, wie es die Fotos mit den »Marlene-hau-ab«-Schil-

German tour. The critics were favourable, but in Düsseldorf she was spat on as a traitor by an 18 year old girl and after plans for a concert in East Berlin in 1964 fell through she never returned to Germany, although she continued to perform German songs all over the world. In 1975 she gave her last stage performance in Sydney, when at the age of 74 she fell and broke her hip.

135

dern suggerieren, auch viele Fans vor dem Titania-Palast versammelt. Eine ganz einfache Frau – daran erinnert sich Marlene später im Interview mit Maximilian Schell – streckte ihr dabei die Hand entgegen und fragte: »Na, wollen wir uns mal wieder vertragen?«. Damit antwortete sie auf die Geste der Dietrich, die mit ihrem Besuch den Deutschen symbolisch die Hand zur Versöhnung gereicht hatte.

Nachdem Marlene ihre drei Konzerte beendet, sich im Beisein von Willy Brandt in das Goldene Buch der Stadt eingetragen und sich im Berlin der sechziger Jahre umgesehen hatte, setzte sie ihre Deutschland-Tournee fort. Die Kritiken waren ebenso positiv wie in Berlin, aber der Besuch in der Heimat hinterließ dennoch einen bitteren Nachgeschmack in ihr. Abgesehen davon, dass sie bei ihrem Auftritt in Wiesbaden stürzte und sich dabei die Schulter brach, wurde sie in Düsseldorf von einem 18-jährigen Mädchen auf offener Straße bespuckt und als Verräterin beschimpft. »Ich persönlich glaube, dass Marlene vor allem nach Deutschland zurückgekehrt war, um auszuloten, ob sie ihren Lebensabend möglicherweise in ihrer Heimat verbringen könnte … Aber nachdem man ihr ins Gesicht gespuckt hatte, kam das wohl nicht mehr in Frage. Dadurch wurde klar, dass sie nie nach Hause gehen könnte, weil Deutschland sie nicht haben wollte«, soll Steven Bach zufolge Bernhard Hall geäußert haben.

Nachdem auch ein für 1964 geplanter Auftritt in Ostberlin nicht zustande kam und sie ihren Besuch auf eine kurze Zwischenlandung in Berlin-Schönefeld beschränkte, hat sie nie wieder deutschen Boden betreten. Nun hatte sie wohl keinen Koffer mehr in Berlin – allenfalls noch einen ideellen. Die deutsche Sprache begleitete sie weiterhin bei ihren Konzerten. »Es ist schlimm genug, sein Vaterland zu verlieren«, soll sie in Israel gesagt haben. »Ich könnte nicht auch noch die Sprache aufgeben.« In den folgenden 15 Jahre wurde sie weiterhin in Ost und West gefeiert, unter anderem in Moskau und Warschau, wo sie einen Kranz am Denkmal für die Aufständischen im Warschauer Ghetto niederlegte, weil sie sich als Deutsche mitschuldig an den Verbrechen der Nazis fühlte. Bis 1976 tourte sie durch die Welt und gab die zweite Karriere erst auf, als sie im Alter von fast 74 Jahren auf der Bühne in Sydney einen Oberschenkelbruch erlitt.

Marlene in Berlin (1960).

Marlene in Berlin (1960).

Eine Amerikanerin in Paris

Die restlichen 16 Jahre lebte die Amerikanerin in Paris, der Stadt, deren blaues Licht sie so begeisterte. Ihre Wohnung in der Avenue Montaigne 12 verließ sie immer seltener, aber sie meldete sich noch einmal beim Film zurück. Nach dem 1978 entstandenen *Schöner Gigolo, armer Gigolo* ließ sie sich von Maximilian Schell – vielleicht auch auf Grund ihrer chronischen Geldnot – zu dem dokumentarischen Interview-Film *Marlene* überreden. Vor der Kamera erscheint sie dabei nicht mehr, aber ihre gealterte Stimme unterlegt in eindrucksvoller Weise die Bilder, die der österreichische Regisseur (und frühere Kollege aus *Judgement at Nuremberg*) 1982/83 zu diesem authentischsten Porträt der Dietrich zusammengefügt hat.

Inzwischen lebte sie nur noch für ihre eigene Legende, die um nichts in der Welt zerstört werden durfte. In dem Kokon ihrer Pariser Wohnung war aus dem »Blauen« der graue Engel geworden, dem Moritz Rinke sein gleichnamiges Theaterstück gewidmet hat. Erst lange Zeit, nachdem sie, wie sie selber sagte, zu Tode fotografiert worden war, ging ihr Leben tatsächlich dem Ende entgegen. Sie, die immer so nah am Geschehen war, die so vielen bedeutenden Menschen begegnet und das 20. Jahrhundert so hautnah begleitet hatte, nahm nun aus der Ferne, in der selbstgewählten häuslichen Emigration ganz allmählich Abschied von der Welt. Jetzt hatte sie Zeit, immer wieder ihr ereignisreiches Leben Revue passieren zu lassen und immer wieder Rilke zu lesen, während sie vom Bett aus die wenigen Helfer, die sie in ihrer Umgebung duldete, dirigierte. Alles andere erledigte sie per Post oder Telefon, die – zusammen mit Rundfunk und Fernsehen – von nun an ihre einzige Verbindung zur Außenwelt waren. Aber diese beobachtete sie durchaus noch genau. Sie registrierte nicht nur, dass der Pop-Star Madonna ihre Posen aus dem *Blauen Engel* nachahmte – und empörte sich deswegen –, sie verfolgte auch die Entwicklung in Deutschland und nahm Anteil am Fall der Mauer und der deutschen Wiedervereinigung. In Gesprächen mit Freunden erkundigte sie sich

An American in Paris
Marlene spent her remaining 16 years in Paris at 12, Avenue Montaigne. In 1982/83 she agreed to narrate an authentic film portrait of her life but then retreated to the cocoon of her Parisian flat where the blue angel turned grey. She took stock of her life, read Rilke and communicated by post and telephone. Her only windows on the outside world were radio and television but she was a keen observer of events. She was appalled

immer wieder nach ihrer Heimat. Sie wollte wissen, wie es in Berlin aussah, ob sich die Berliner aus Ost und West vertrügen.

So zum Beispiel bei einem Telefongespräch, das der Marlene-Dietrich-Sammler Fred Ostrowski mit ihr geführt hat. »Ich hatte ihr geschrieben, weil ich eine Ausstellung zu ihrem 90. Geburtstag machen wollte, und sie um Exponate gebeten«, erinnert er sich. »Lange bekam ich keine Antwort. Aber irgendwann klingelte das Telefon …« Am Apparat war die Dietrich. Über die Ausstellung hätte man dann kaum gesprochen, statt dessen wollte sie mit ihm über Berlin plaudern. »Wie schön es doch wäre, wieder unter dem Brandenburger Tor durchgehen zu können«, habe sie gesagt und gefragt, wie sich die Menschen verstehen, nachdem die Grenzen offen sind. »Es ging ihr nur um Berlin, und ich glaube, sie wäre gern hier gewesen«, meint Ostrowski.

Bereits am 9. November 1989 hatte sie einen französischen Radiosender angerufen und gebeten, aus Anlass des Mauerfalls ihr Lied »Ich hab' noch einen Koffer in Berlin« zu spielen. Zum 3. Oktober 1990 schrieb sie im Auftrag der französischen Tageszeitung »Le Figaro« sogar einen kleinen, aber bemerkenswerten Artikel über Deutschland, das »Stehaufmännchen«: »Die Seelen, die ich geliebt und für die ich gebetet habe, sind einzigartig, von Goethe bis Rilke, von Einstein bis Freud und Kant. Die Durchschnittsdeutschen dagegen, zu denen ich gehöre, sind schlicht, gehorsam, diszipliniert, aufrichtig und haben beide Beine auf der Erde. Was mich betrifft, bin ich ihnen für diese Eigenschaft dankbar«, beginnt sie ihren Artikel. Die Deutschen hätten mit ihrem »grenzenlosen Gehorsam« und ihrer »stoischen Blindheit« die teuflischen Machenschaften und die Dogmen des Nationalsozialismus akzeptiert. Der deutsche Fehler bestünde darin, immer wieder einem Führer zu folgen. »Dann kam die Niederlage, die alle ihre Hoffnungen und Pläne zunichte machte. Erst waren sie geteilt, dann wieder vereint – unter dem Beifall unzähliger Nationen. (…) Sie werden überleben und ihr Gleichgewicht wieder finden. Das ist so sicher wie die Tatsache, dass sie Stehaufmännchen sind.«

that the pop star Madonna was imitating her act but thrilled by the fall of the Berlin Wall and the reunification of Germany. She would have loved to walk through the Brandenburg Gate again and even wrote a short article about the Germans saying that they would "make a come-back". They had many qualities but their main failing had been their blind obedience, which had enabled the Nazis to commit such atrocities. Marlene herself did not "make a come-back" but died peacefully on 6th May 1992 in the mild Paris

Beerdigung von Marlene Dietrich am 16. Mai 1992 auf dem Friedhof Friedenau.
Marlene Dietrich's burial on 16th 1992 in Friedenau Cemetery.

Sie selber sollte unterdessen nicht mehr aufstehen. Eineinhalb Jahre nach der deutschen Wiedervereinigung starb die Jahrhundertfigur sanft und friedlich in ihrem letzten Domizil. Der blaue, graue Engel hatte nach knapp 91 Jahren seine Ruhe gefunden. »Es war Mittwoch, der 6. Mai 1992. Der Frühling in Paris war mild und sonnig. Das Licht war blau, so wie es Marlene zu sagen beliebte. Sie Straßen waren mit Plakaten vom Filmfestival in Cannes zugekleistert, das am nächsten Tag beginnen sollte, und das Gesicht von Marlene in *Shanghai Express* erleuchtete ihre geliebte Avenue Montaigne«, erinnert sich Geneviève Séroux, die mit der Dietrich Briefkontakt hatte. »Bald füllte sich die Straßen mit Kameraleuten, Journalisten und Schaulustigen …« Wenig

sunshine. The light was blue, as Marlene so loved it, and the streets filled with posters for the Cannes Film Festival. There was a funeral service in Paris and Marlene's coffin was covered with the French Tricolore and her many honours. Draped with the American flag it was then transported to Berlin, where thousands of onlookers had gathered to watch her final journey. Hatred and resentment had given way to admiration, pride and recognition.

später fand eine Trauerfeier in der Pariser Église de la Madeleine statt. Marlenes Sarg war mit der französischen Trikolore und ihren Orden geschmückt. Anschließend wurde er mit dem amerikanischen Banner bedeckt nach Berlin überführt. Tausende begleiteten die Dietrich am 16. Mai auf ihrem Weg zu ihrer letzten Ruhestätte auf dem kleinen Friedhof in der Stubenrauchstraße 43–45 in Berlin-Friedenau. »Es war ein beeindruckender Tag. Der Südwestkorso war abgesperrt, es hatten sich unzählige Menschen versammelt. Zum Teil standen sie auf Leitern, um besser sehen oder fotografieren zu können«, erinnert sich Michael Sühr, der neben dem Friedhof ein Blumengeschäft mit Gärtnerei führt. »Auf dem Friedhof hatte man eine kleine Tribüne aufgebaut. Als die Beisetzungszeremonie zu Ende war, bildete sich eine lange Menschenschlange, die am Grab vorbeidefilierte und rote Rosen niederlegte.«

Grab Marlene Dietrichs auf dem Friedhof Friedenau.
Marlene Dietrich's grave in Friedenau Cemetery.

Eine kurzfristig geplante Gala zu Ehren von Marlene, die die Stadt vielleicht mit ihrer großen Tochter versöhnt hätte, kam nicht zustande. Dafür war es offensichtlich noch zu früh. Aber die Tatsache, dass die Amerikanerin nicht in Paris und schon gar nicht in Hollywood, sondern in ihrer Heimatstadt in nächster Nähe zum Grab ihrer Mutter beerdigt wurde – diesen Wunsch hat sie zwar nicht schriftlich niedergelegt, es besteht aber kein Zweifel daran, dass sie ihn ihrer Tochter gegenüber geäußert hat – hat der Beziehung aller Deutschen zum einzigen Weltstar des Landes eine neue Qualität gegeben. Hass, Ressentiments, alle negativen Gefühle sollten in den folgenden zehn Jahren ganz langsam Bewunderung, Stolz und Anerkennung weichen. Mittlerweile finden immer mehr Besucher den Weg zu dem bescheidenen Grabstein mit dem Vers von Theodor Körner »Hier steh ich an den Marken meiner Tage«.

Abschied von Marlene beim Trauer-Defilee.
Farewell to Marlene at her funeral procession.

Sechs Dutzend Koffer in Berlin

»Jetzt geh ich allein durch eine große Stadt und weiß nicht,
ob sie mich lieb hat …«

Als Marlene Dietrich im Mai 1992 in Berlin die letzte Ruhe gefunden hatte, war das Kapitel Marlene für die Menschen in der Stadt noch nicht abgeschlossen. Die Dietrich selber hatte trotz des gescheiterten Versöhnungsversuchs bei ihrem Besuch 1960 mit dem Heimatland ihren Frieden geschlossen, aber die Deutschen hatten dies noch lange nicht getan. Im Gegenteil: Jetzt flammten die alten Diskussionen wieder auf. Mit dem Wunsch, in ihrer Heimat beerdigt zu werden, hat die Dietrich die Berliner indirekt aufgefordert, sich erneut mit ihr auseinander zu setzen. Nun sollte das schwierige Verhältnis, das sie seit Jahrzehnten zu der Amerikanerin hatten, noch einmal in zahllosen Debatten und teilweise auch unwürdigen Streitereien zur Sprache kommen. Ihren Höhepunkt erreichten die Auseinandersetzungen 1996, als es darum ging, den Star aus Berlin mit der Benennung einer Straße zu ehren. Der Marlene-Dietrich-Sammler Fred Ostrowski hatte bereits kurz nach der Beerdigung diese Hommage vorgeschlagen und anschließend Tausende von Unterschriften gesammelt. Doch es vergingen Jahre, bis sein Anliegen erhört wurde. »61 Jahre im Ausland – Vaterlandsverräterin in US-Uniform – als Dank eine Marlene-Dietrich-Straße in Schöneberg?« lautete der bewusst provokant gewählte Titel einer Diskussionsveranstaltung im Rathaus Schöneberg, in dem sich Marlene 30 Jahre zuvor in das Goldene Buch der Stadt eingetragen hatte. Als sich die Bezirkspo-

Home to stay
When Marlene Dietrich was finally laid to rest in Berlin in May 1992 the matter was not closed for the Berliners. Dietrich had found her peace with her native country despite the problems during her 1960 tour, but controversy still raged amongst the Germans. With her wish to be buried in Berlin Dietrich had indirectly sought further reconciliation, but now the Berliners reopened the debate about her relationship with America and in

143

litiker des Stadtteils, in dem sie geboren und begraben wurde, schließlich da- zu durchgerungen hatte, eine Straße nach ihr zu benennen, konnte man sich nicht einigen, welche das sein sollte. Die SPD schlug den Tempelhofer Weg vor, eine wenig einladende, von alten Industriebauten und Lagerhallen ge- säumte Straße. Allerdings wehrten sich die an der Straße ansässigen Gewer- betreibenden mit dem Argument, die Adressenänderung würde zu hohe Kosten verursachen. Daraufhin schlug die CDU den Vorplatz des Bahnhofs Papestraße vor, der nur unwesentlich attraktiver ist. Die Grünen brachten den Bahnhof selber ins Gespräch, die SPD wiederum den Kaiser-Wilhelm-Platz. Monatelang wurde heftig gestritten. Die Auseinandersetzung schlug immer höhere Wellen und fand große Resonanz im deutschen Blätterwald. »Wie aus einer Hommage eine Blamage wird« titelte »Die Tageszeitung« und selbst amerikanische Medien wie die »New York Times« berichteten über die Ber- liner »Provinzposse«.

Erst 1997 rettete der Bezirk Tiergarten die Ehre der Stadt, indem er ent- schied, einen kleinen, aber zentralen Platz mitten im neuen Berlin auf den Na- men des »Weltstars des Films und des Chansons« zu taufen. Inzwischen hat Marlene auch nicht einen, sondern Dutzende Koffer in Berlin. Weitaus er- freulicher als diese umstrittene Hommage gestaltete sich nämlich der Kauf des Dietrich-Nachlasses. Als Marlene starb, wollten ihre Erben das Hab und Gut der Diva nicht Stück für Stück veräußern, sondern übergaben es als Ganzes dem Auktionshaus Sotheby's. Doch nicht das höchste Gebot erhielt bei der Versteigerung den Zuschlag. Sonst wären die kostbaren Besitztümer wohl bei einem arabischen Scheich gelandet: Nachdem der Fan des Wüstenfilms *Garden of Allah* sein Interesse an der Sammlung bekundet hatte, für die er ein Museum oder eine Art Schrein bauen wollte, machte Marlenes Enkel Peter Riva einen Rückzieher: »Ich hörte im Schlaf Marlene fragen: ›Ihr habt meinen Nachlass verkauft, damit er in der Wüste vom Sand bedeckt wird?‹«, erklärte er die Entscheidung, das Erbe nach Deutschland zu geben. Dem Land Berlin, ins- besondere den Vertretern der deutschen Kinemathek, trauten die Nachkom-

1996 things came to a head with heated discussions about which street should be named after her. Finally, in 1997 a small but central square in the new centre of Berlin was chosen to honour the "international star of film and song". Meanwhile, Marlene's heirs had handed over her posses- sions to Sotheby's for auction. Instead of selling them off in lots to the highest bidders her family sold them to the Federal State of Berlin with the proviso that they would be kept together and that the public would have

Maria Riva, Marlenes Tochter, übergibt 1993 den Nachlass ihrer Mutter an den
Kultursenator von Berlin, Ulrich Roloff-Momin (links), und den Direktor der
Stiftung Deutsche Kinemathek, Hans Helmut Prinzler (rechts).

*Maria Riva, Marlene's daughter, hands over her mother's estate to the Berlin Senator
for Culture (left) and the director of Stiftung Deutsche Kinemathek in 1993.*

men am ehesten zu, dass sie mit der wohl umfangreichsten und populärsten
Sammlung der Filmgeschichte richtig umgehen würden. Zudem war mit dem
Verkauf die Auflage verbunden, den Fundus fachgerecht aufzuarbeiten und
der Öffentlichkeit zugänglich zu machen. So wurden, als der Nachlass an die
Spree kam, eigene Archivräume in einem unscheinbaren Industriegebäude
im Stadtteil Spandau angemietet und Mitarbeiter zur Sichtung des Materials
eingestellt. Sie brauchten mehrere Jahre für ihre Arbeit. 300 000 Blatt Pa-
pier, 50 000 Fotos, mehr als 3 000 Kleider und Kostüme, 400 Hüte, 430 Paar

access. It is a unique and priceless collection including 300 000 papers,
50 000 photographs, over 3 000 items of clothing and costumes, 400 hats,
430 pairs of shoes, 150 pairs of gloves, 70 handbags, 112 pieces of luggage,
350 posters and 25 000 tapes in addition to personal items of jewellery and
even school exercise books. There are letters from Ernest Hemingway,
Jean Cocteau, Yul Brynner, Jean Gabin, Douglas Fairbanks, Karl Lagerfeldt, Billy Wilder and Carl Zuckmayer, among others. The most interest-

Schuhe, 150 paar Handschuhe, 70 Handtaschen, 112 Koffer und andere Gepäckstücke, Hutschachteln und Kosmetikkoffer, 350 Plakate, 2500 Tondokumente, dazu persönliche Gegenstände von Schmuckstücken bis hin zu Schulheften haben sie gezählt. Von unschätzbarem Wert ist vor allem die umfangreiche Korrespondenz. Zahlreiche Briefe von Ernest Hemingway, Jean Cocteau, Yul Brynner, Jean Gabin, Douglas Fairbanks, Karl Lagerfeldt, Billy Wilder und Carl Zuckmayer sind darunter und dokumentieren fast ein ganzes Jahrhundert Film- und Zeitgeschichte. Nachdem alles fein säuberlich in Schubladen, Magazine und Regale sortiert war, wurden die interessantesten Stücke für das Filmmuseum Berlin am Potsdamer Platz ausgewählt. Seit Oktober 2000 sind dort das berühmte Tasselkleid und der Schwanenmantel, Kostüme aus *Seven Sinners*, aber auch Marlenes Militärkleidung, außerdem Briefe, Fotos, ihre Maskottchen, ein Schminkkoffer und das silberne Zigarettenetui zu sehen, in das Josef von Sternberg »Marlene Dietrich, Weib, Mutter und Schauspielerin wie noch nie« eingravieren ließ. Für eingeschworene Fans ist das zwar immer noch nicht genug. Aber die Tatsache, dass Marlene die wichtigsten Räume des Museums an einem so zentralen Ort wie dem Potsdamer Platz gewidmet wurden, hat Symbolcharakter: Es ist eine Geste der Versöhnung, die das offizielle Berlin dem Weltstar kurz vor dessen 100. Geburtstag entgegenbrachte.

Inzwischen hat man auch den »Imagefaktor Marlene« entdeckt. Während Reiseveranstalter in den USA und anderen Ländern mit dem *Blauen Engel* für Berlin werben, nennen sich Bistros »Dietrich's« und Bars »Marlene«. Am authentischsten huldigt das Restaurant »Blauer Engel« in der Nähe des Geburtshauses dem Hollywoodstar. Die drei Betreiber, die alle bekennende Dietrich-Verehrer sind, haben schon zu Lebzeiten bei der Diva die Genehmigung für das Lokal eingeholt. Die Wände sind mit Fotos des Stars geschmückt und serviert wird ein Menü mit Suppe, Pot au feu und Zabaione, das man nach Marlenes Originalrezepten kocht. Als das Restaurant eröffnete, wurde es von einigen Nachbarn boykottiert, weil sie angeblich »nichts mit der Pelzschlampe

ing items have been selected for the Berlin Film Museum at Potsdamer Platz where they are given pride of place and are a gesture of Berlin's reconciliation with its world famous star. Marlene has now become an "image factor" for Berlin. Tourist operators abroad use the "Blue Angel" to attract interest in Berlin, there are restaurants, bistros and bars with a Dietrich theme and "Marlene" at the Renaissance Theater has been playing to full houses since 1998.

146

Die Reisekoffer aus Marlenes Nachlass im Foyer des Deutschen Theaters Berlin (1993).
Marlene's suitcases in the foyer of the Deutsches Theater in Berlin (1995).

zu tun haben« wollten. Mittlerweile erfreut es sich großer Beliebtheit. Vergleichbar dem Theaterstück »Marlene«, das seit Mitte 1998 im Renaissancetheater mit Judy Winter in der Hauptrolle vor meist ausverkauftem Haus zu sehen ist.

Über den allmählichen Stimmungswandel in Berlin gibt auch ein Besuch auf dem Friedenauer Friedhof Aufschluss: Nachdem das Grab der berühmten Schönebergerin vor einigen Jahren geschändet wurde, schmücken es heute stets frische Blumen. Gedichte und Fan-Post werden dort deponiert, Äpfel und Kastanien auf den Grabstein gelegt, im Winter sogar ganze Weihnachtsbäumchen auf das schmale Stück Erde gestellt. Der kleine Friedhof sollte bereits geschlossen werden. Nun werden die Parzellen zwischen Stubenrauch-, Fehler- und Offenbacher Straße wieder nachgefragt. Viele wollen in der Nähe von Marlene die letzte Ruhe finden.

Das Restaurant »Blauer Engel« in der Gotenstraße in Berlin-Schöneberg.
The Blue Angel restaurant in Gotenstraße, Berlin-Schöneberg.

Es scheint, dass die Zeit der unwürdigen Streitereien und Beschimpfungen vorüber ist. Die hasserfüllten Stimmen werden in dem Maße leiser, in dem sich die Deutschen ihrer Vergangenheit gestellt haben. Dadurch ist der Weg für eine faire Auseinandersetzung mit der Dietrich frei geworden. Sie zeigt, dass Marlene nicht nur eine einzigartige Jahrhundertfigur ist, die hautnah an den verschiedenen Epochen und deren Repräsentanten war, sondern auch eine Frau, die gegen die Konventionen ihrer Zeit ihr Leben kompromisslos gelebt hat, so wie sie es für richtig hielt. Sie befolgte die Regeln, die sie selber für sich aufgestellt hatte, mit eiserner Disziplin und arbeitete fortwährend an der eigenen Legende. Darin erweist sie sich als geradezu vorbildliche Preußin. Dass sie sich darüber hinaus als Deutsche und Berlinerin fühlte, daran hat sie

Marlene's grave is further testimony to the Berliners' growing affection. A few years ago it was vandalised but now fresh flowers, poems, fan mail, apples, chestnuts and even small Christmas trees are placed on the grave stone. The small cemetery was supposed to have been closed but now plots are always in demand, especially by gay people who would like to have their final resting place near Marlene. The arguments and the insults have almost ceased and the path is clear for a fair assessment of Dietrich's con-

148

Hinweistafel auf dem Marlene-Dietrich-Platz.
Street sign on Marlene Dietrich Square.

keinen Zweifel gelassen. Sie bekannte sich immer wieder zu deutschen Dichtern, zur deutschen Sprache und sogar zur deutschen Küche. Und vor allem zu ihrer Heimatstadt, deren Humor sie »davor bewahrte, in dem Gram der Welt zu versinken«. Nicht umsonst hat sie ihre Memoiren »Ich bin, Gott sei Dank, Berlinerin« genannt und die Stadt in Liedern wie »Solang noch Untern Linden die alten Bäume blüh'n« immer wieder besungen. In dem Song heißt es ganz unmissverständlich »Wenn keiner treu dir bliebe, ich bleib dir ewig grün, du meine alte Liebe, Berlin bleibt doch Berlin«. Inzwischen, scheint es, sind auch die Berliner und die Deutschen dem blauen Engel wieder grün …

tribution. She was not only a legend in her own life-time with a unique experience of the 20th Century, but someone who flouted convention and followed the rules and iron discipline which she had laid down for herself. She always saw herself as German and as a Berliner and loved German writers, the German language and even German cooking. But above all it was Berlin, its essence and its humour, that had a special place in heart. It is no coincidence that she called her memoirs in German "Thank God I am a Berliner" and in her Berlin songs her message rings loud and clear – "I shall always remain true to Berlin".

149

Anhang

Lebenslauf

27.12.1901   Geburt von Marie Magdalene Dietrich in der Sedanstraße (heute Leberstraße 65) in Berlin-Schöneberg, die Eltern sind Louis Otto Dietrich und Wilhelmine Elisabeth Josephine, geborene Felsing

1907–1919   Schulbesuch in Berlin und Dessau

1920/21   Geigenausbildung bei Professor Reitz in Weimar

1921/22   Schauspielunterricht bei Dr. Berthold Held

1922   Erste Rollen an Berliner Theatern, z. B. in »Die Büchse der Pandora« am Großen Schauspielhaus von Max Reinhardt, erste Rollen beim Film, z. B. *So sind die Männer* von Georg Jacoby

17.5.1923   Hochzeit mit Rudolf Sieber (1897–1976)

13.12.1924   Geburt der Tochter Maria Elisabeth Sieber

1927   Bühnenauftritte und Dreharbeiten zu *Café Electric* in Wien

1929   Erste Hauptrolle in dem Film *Die Frau, nach der man sich sehnt* von Kurt Bernhardt und Auftritt in der Revue »Zwei Krawatten«

Okt. 1929   Probeaufnahme und Vertragsabschluss für den Film *Der blaue Engel* von Josef von Sternberg

1.4.1930   Premiere von *Der blaue Engel* im Gloria-Palast von Berlin, anschließend Abreise nach Amerika

14.11.1930   Premiere des ersten in den USA gedrehten Films *Morocco* von Josef von Sternberg

1935   Nach sieben Jahren gemeinsamen Filmschaffens Trennung von Josef von Sternberg, ausgedehnte Europa-Aufenthalte in Frankreich und Österreich

9.6.1939   Annahme der amerikanischen Staatsbürgerschaft

1944–45   Unterstützung der amerikanischen Truppen in Nordafrika und Europa, zuletzt in Berlin

1947   Verleihung der »Medal of Freedom«, der höchsten Auszeichnung der USA für Zivilisten

1950	Verleihung des Titels »Chevalier de la Légion d'Honneur« durch die französische Regierung, später Beförderung zum »Officier« durch Präsident Pompidou und zum »Commandeur« durch Präsident Mitterrand
1953–54	Varieté-Auftritte im »Hotel Sahara« in Las Vegas und im Café de Paris in London
1960	Auftritte im Berliner Titania-Palast im Rahmen der Deutschland-Tournee nach Düsseldorf, München, Wiesbaden, Hannover und Köln
1963	Veröffentlichung ihres autobiografischen Buchs »Marlene Dietrich ABC«
1975	Letzter Bühnenauftritt
1978	Letzte Filmrolle in *Schöner Gigolo, armer Gigolo*
1979	Veröffentlichung der Autobiografie »Nehmt nur Mein Leben«
1982/83	Filmbiografie *Marlene* von Maximilian Schell
6.5.1992	Tod in der Pariser Wohnung
10.5.1992	Trauergottesdienst in der Pariser Kirche La Madeleine, Beisetzung auf dem Friedhof in der Stubenrauchstraße in Berlin-Friedenau

Biographical Details

27.12.1901	Marie Magdalene Dietrich born in Sedanstraße (today 65, Leberstraße) to Louis Otto Dietrich and Wilhemine Elisabeth Josephine (née Felsing)
1907–1919	Schoolgirl in Berlin and Dessau
1920/21	Violin studies with Professor Reitz in Weimar
1921/22	Drama tuition with Dr. Berthold Held First rôles on the Berlin stage
17.5.1923	Marriage to Rudolf Sieber (1897-1976)
13.12.1924	Birth of daughter Maria Elisabeth Sieber
1927	Stage appearances and film work at *Café Electric* in Vienna
1929	First main film rôle in *Die Frau, nach der man sich sehnt* (*The woman they all desire*) and appearance in the Revue "Zwei Krawatten" ("Two Ties")

Oct. 1929	Audition and contract signing for *The Blue Angel* directed by Josef von Sternberg
1.4.1930	Premiere of *Der blaue Engel* in the Gloria Palast, Berlin, followed by departure for America
14.11.1930	Premiere of first film made in the USA, *Morocco*, directed by Josef von Sternberg
1935	Separation from Josef von Sternberg after seven years of filming together; extended trips to France and Austria
9.6.1939	American citizenship
1944–45	Supported American troops in North Africa and Europe, eventually Berlin
1947	Awarded the "Medal of Freedom", the highest civilian decoration in the USA
1950	Awarded "Chevalier de la Légion d'Honneur" by the French Government, later promoted to "Officier" by President Pompidou and "Commandeur" by President Mitterand
1953–54	Variety appearances at the "Hotel Sahara" in Las Vegas and at the Café de Paris in London
1960	Appearances at the Titania-Palast in Berlin during a tour of Germany, which included Düsseldorf, Munich, Wiesbaden, Hanover and Cologne
1963	Publication of the autobiographical book "Marlene Dietrich ABC"
1975	Final stage appearance
1978	Final film rôle in *Schöner Gigolo, armer Gigolo (Beautiful Gigolo, poor Gigolo)*
1979	Publication of autobiography "Nehmt nur mein Leben" ("Take only my Life")
1982/83	Film biography *Marlene* by Maximilian Schell
6.5.1992	Died in Paris appartment
10.5.19992	Funeral service in Paris at the church of La Madeleine
16.5.1992	Buried in Friedenau Cemetery in Stubenrauchstraße in Berlin-Friedenau

Filmografie

1922	*So sind die Männer*, D, Regie: Georg Jacoby
1922–23	*Tragödie der Liebe*, D, Regie: Joe May
	Der Mensch am Wege, D, Regie: Wilhelm Dieterle
	Der Sprung ins Leben, D, Regie: Johannes Guter
1925–1926	*Manon Lescaut*, D, Regie: Arthur Robinson
	Eine Dubarry von heute, D, Regie: Alexander Korda
	Der Tänzer meiner Frau, D, Regie: Alexander Korda
	Madame wünscht keine Kinder, D, Regie: Alexander Korda
	Kopf hoch, Charly!, D, Regie: Willi Wolff
	Der Juxbaron, D, Regie: Willi Wolff
1927	*Sein größter Bluff*, D, Regie: Harry Piel
	Café Electric, A, Regie: Gustav Ucicky
1928–1929	*Prinzessin Olala*, D, Regie: Robert Land
	Ich küsse Ihre Hand, Madame, D, Regie: Robert Land
1929	*Die Frau, nach der man sich sehnt*, D, Regie: Kurt Bernhardt
	Das Schiff der verlorenen Menschen, D, Regie: Maurice Tourneur
1930	*Gefahren der Brautzeit*, D, Regie: Fred Sauer
	Der blaue Engel, D, Regie: Josef von Sternberg
	Morocco (Herzen in Flammen), USA, Regie: Josef von Sternberg
1931	*Dishonored (Entehrt, X.27)*, USA, Regie: Josef von Sternberg
1932	*Shanghai Express*, USA, Regie: Josef von Sternberg
	Blonde Venus (Die blonde Venus), USA, Regie: Josef von Sternberg
1933	*Song of Songs*, USA, Regie: Rouben Mamoulian
1934	*The Scarlet Empress (Die scharlachrote Kaiserin)*, USA, Regie: Josef von Sternberg
1935	*The Devil is a Woman (Die spanische Tänzerin)*, USA, Regie: Josef von Sternberg
1936	*Desire (Sehnsucht)*, USA, Regie: Ernst Lubitsch und Frank Borzage
	Garden of Allah (Der Garten Allahs), USA, Regie: Richard Boleslawski
1937	*Knight without Armour (Tatjana)*, GB, Regie: Jacques Feyder
	Angel (Engel), USA, Regie: Ernst Lubitsch

1939 *Destry Rides Again (Der große Bluff)*,
USA, Regie: George Marshall

1940 *Seven Sinners (Das Haus der sieben Sünden)*,
USA, Regie: Tay Garnett

1941 *The Flame of New Orleans (Die Abenteuerin)*,
USA, Regie: René Clair
Manpower (Herzen in Flammen), USA, Regie: Raoul Walsh

1942 *The Lady Is Willing*, USA, Regie: Mitchel Leisen
The Spoilers (Die Freibeuterin), USA, Regie: Ray Enright
Pittsburgh, USA, Regie: Lewis Seiler

1944 *Follow The Boys*, USA, Regie: Edward A. Sutherland
Kismet, USA, Regie: William Dieterle

1946 *Martin Roumagnac*, F, Regie: Georges Lacombe

1947 *Golden Earrings*, USA, Regie: Mitchell Leisen

1948 *A Foreign Affair (Eine auswärtige Angelegenheit)*,
USA, Regie: Billy Wilder

1949 *Jigsaw*, USA, Regie: Fletcher Markle

1950 *Stage Fright (Die rote Lola)*, GB, Regie: Alfred Hitchcock

1951 *No Highway / No Highway in the Sky (Die Reise ins Ungewisse)*,
GB, Regie: Henry Koster,

1952 *Rancho Notorius (Engel der Gejagten)*, USA, Regie: Fritz Lang

1956 *Around the World in 80 Days (In 80 Tagen um die Welt)*,
USA, Regie: Michael Anderson

1957 *The Monte Carlo Story (Die Monte Carlo Story)*,
USA, Regie: Samuel A. Taylor und Giulio Macchi

1958 *Touch of Evil (Im Zeichen des Bösen)*, USA, Regie: Orson Welles
Witness for the Prosecution (Zeugin der Anklage),
USA, Regie: Billy Wilder

1961 *Judgement at Nuremberg (Das Urteil von Nürnberg)*,
USA, Regie: Stanley Kramer

1962 *The Black Fox, The True Story of Adolf Hitler*,
USA, Regie: Louis C. Stoumen

1964 *Paris When it Sizzles (Zusammen in Paris)*,
USA, Regie: Richard Quine

1972 *I Wish You Love*, GB/USA, Regie: Clark Jones

1978 *Schöner Gigolo, armer Gigolo*, D, Regie: David Hemmings

1982/83 *Marlene*, D/USA, Regie: Maximilian Schell

Zitierte Literatur

Hedda Adlon: *Hotel Adlon*. München 1998.

Steven Bach: *Marlene Dietrich – Die Wahrheit über mich gehört mir*. München 1992.

Elisabeth Bronfen: *Leni Riefenstahl und Marlene Dietrich – Zwei deutsche Stars*. In: Filmmuseum Berlin (s. u.).

Marlene Dietrich: *Ich bin, Gott sei Dank, Berlinerin*. Berlin 1998.

Joseph Goebbels: *Tagebücher 1924–1945*. Herausgegeben von Ralf Georg Reuth. München 1992.

Ulrich Gregor/Enno Patalas: *Geschichte des Films*. Teil 1. Hamburg 1976.

Wolfgang Jacobsen/Hans Helmut Prinzler/Werner Sudendorf: *Filmmuseum Berlin*. Berlin 2000.

Walther Kiaulehn: *Die goldenen zwanziger Jahre*. In: Merian Berlin. 12. Jahrgang, Heft 11, Hamburg 1959.

Guido Knopp: *Hitlers Frauen und Marlene*. München 2001.

Martina Rellin: *Marlene, Gerda und Das Magazin*. In: Das Magazin 10/1999.

Leni Riefenstahl: *Memoiren*. München/Hamburg 1987.

Moritz Rinke: *Der Blauwal im Kirschgarten*. Erinnerungen an die Gegenwart. Berlin 2001.

Maria Riva: *Meine Mutter Marlene*. München 1992.

Erich Schaake: *Hitlers Frauen*. München 2000.

Jürgen Schebera: *Damals in Neubabelsberg*. Studios, Stars und Kinopaläste im Berlin der zwanziger Jahre. Leipzig 1990.

Renate Seydel: *Marlene Dietrich – ein Leben in Bildern*, Berlin 2000.

Curt Siodmak: *Unter Wolfsmenschen*. Band 2: Amerika. Bonn 1997.

Josef von Sternberg: *Ich Josef von Sternberg*. Hannover 1967.

Abbildungsnachweis

Archiv des Verlages
Titel, 2, 19, 35, 52, 53, 70, 71, 104, 105, 107, 108, 109, 120, 121

Bildarchiv Preußischer Kulturbesitz, Berlin
21, 60, 64, 65, 87, 113, 123, 127

dpa / Marlene Dietrich Collection Berlin / Stiftung Deutsche Kinemathek
15

Filmmuseum Berlin – Marlene Dietrich Collection
10, 47, 59, 85, 133

Filmmuseum Berlin – Deutsche Kinemathek
38

Gerhard Kiesling/Bildarchiv Preußischer Kulturbesitz, Berlin
116, 128, 137

Landesarchiv Berlin
132, 134, 135, 145, Umschlagrückseite

Alexander Liberman/Library, Getty Research Institute,
Los Angeles (2000. R. 19)
6, 150

Das Magazin, Berlin
24, 67

Rolf Schulten/octopus
140, 142

Süddeutscher Verlag Bilderdienst, München
29, 44, 111, 125, 131

Ulrike Wiebrecht
13, 34, 69, 129, 141, 148, 149

Rolf Zöllner, Berlin
147

Wichtige Adressen

Marlene-Dietrich-Grab, Friedhof Stubenrauchstraße 43–45
in Berlin-Friedenau.

Marlene-Dietrich-Geburtshaus,
Leberstraße 65 in Berlin-Schöneberg.

Filmmuseum Berlin, Potsdamer Straße 2 in Berlin-Tiergarten,
Tel. 030/300-903-0, geöffnet Dienstag bis Sonntag von
10 bis 18 Uhr, Donnerstag bis 20 Uhr. Zum Teil werden auch
spezielle Führungen zu Marlene Dietrich veranstaltet.

Marlene Dietrich Collection, Potsdamer Straße 2 in Berlin-Tiergarten,
Tel. 030/300-903-639. Besuche oder Führungen nur auf
Anfrage.

Bar »Marlene« im Hotel »Intercontinental«, Budapester Straße 2,
Tel. 030/26 02-0, geöffnet von 12 bis 2 Uhr, mit speziellem
Marlene-Cocktail.

Bistro »Dietrich's« im Hotel »Grand Hyatt«, Marlene-Dietrich-
Platz 2, Tel. 030/25 53 17 68, geöffnet täglich von 11 bis 1 Uhr,
am Wochenende ab 10 Uhr.

Restaurant »Blauer Engel«, Gotenstraße 1 in Berlin-Schöneberg,
Tel. 030/78 70 70 80, geöffnet Montag bis Samstag ab 16 Uhr,
Sonntag ab 10 Uhr, mit speziellem Marlene-Menü.

Studio Babelsberg GmbH, August-Bebel-Straße 26-53,
D-14482 Potsdam, Tel. +49 331 72 0, Fax. +49 331 72 12135,
www.studiobabelsberg.com

Danksagung

Für die Unterstützung meiner Recherchen danke ich
Silke Ronneburg und Werner Sudendorf von der Marlene
Dietrich Collection, dem Sammler Fred Ostrowski sowie
den Zeitzeugen Liselotte Laabs, Geneviève Séroux und
Michael Sühr

Studio Babelsberg heute.
Studio Babelsberg today.